# ENCONTRE O EXTRAORDINÁRIO EM MEIO ÀS CICATRIZES

## CARO(A) LEITOR(A),

Queremos saber sua opinião
sobre nossos livros.
Após a leitura, siga-nos no
**linkedin.com/company/editora-gente**,
no TikTok **@editoragente**
e no Instagram **@editoragente**,
e visite-nos no site
**www.editoragente.com.br**.
Cadastre-se e contribua com
sugestões, críticas ou elogios.

Fernanda Ester Machado

# ENCONTRE O EXTRAORDINÁRIO EM MEIO ÀS CICATRIZES

## REPROGRAME SUA MENTE, LIBERTE-SE DOS TRAUMAS DA INFÂNCIA E CRIE UMA NOVA NARRATIVA PARA SUA VIDA

Gente
AUTORIDADE

**Diretora**
Rosely Boschini
**Diretora Editorial**
Joyce Moysés
**Editora Pleno**
Carolina Forin
**Assistente Editorial**
Mariá Moritz Tomazoni
**Produção Gráfica**
Leandro Kulaif
**Preparação**
Wélida Muniz
**Capa**
Amanda Cestaro
**Projeto Gráfico**
Márcia Matos
Vivian Oliveira
**Diagramação**
Vivian Oliveira
**Revisão**
Lara Freitas
Júlia Rodrigues
**Impressão**
Assahi


R. Dep. Lacerda Franco, 300 - Pinheiros
São Paulo, SP - CEP 05418-000
Telefone: (11) 3670-2500
Site: www.editoragente.com.br
E-mail: gente@editoragente.com.br

Dados Internacionais de Catalogação na Publicação (CIP)
Angélica Ilacqua CRB-8/7057

Machado, Fernanda Ester
Encontre o extraordinário em meio às cicatrizes / Fernanda Ester Machado. - São Paulo : Autoridade, 2025.
192 p.

ISBN 978-65-6107-063-8

1. Desenvolvimento pessoal I. Título

25-2792 CDD 158.1

Índices para catálogo sistemático:
1. Desenvolvimento pessoal

# NOTA DA PUBLISHER

Em um mundo onde as dores do passado viram correntes no presente, Fernanda Ester Machado traz, com a maturidade de quem transformou sua própria história de abandono e escassez em fonte de realização, um direcionamento claro para quem deseja interromper ciclos de sofrimento e abrir espaço para leveza e autoconfiança.

O que me convenceu de publicar esta obra não foi apenas o método criado por Fernanda, mas o impacto real que ela gera. Sua trajetória como empreendedora, coach e professora de meditação prova que é possível guiar mulheres – de diferentes idades e contextos – a se reconstruírem por dentro, com ferramentas que se encaixam na vida real.

*Encontre o extraodinário em meio às cicatrizes* surge para oferecer um caminho de reconciliação com partes de nós que tantas vezes escondemos por medo ou dor, mas que seguem determinando nossas escolhas, relacionamentos e limites.

Ao ler este livro, você vai aprender a reconhecer feridas antigas, desfazer padrões de autossabotagem e construir relações mais saudáveis consigo e com o mundo. É um manual de coragem, presença e gratidão para quem está disposto a se olhar com generosidade.

Desejo que esta leitura toque sua essência e a conduza para uma vida em que o passado não define mais quem você pode ser.

**ROSELY BOSCHINI**
CEO e Publisher da Editora Gente

Para Renata, Tiago e Juliana.
Vocês são mais do que família. São pedaços da minha
história, memórias de quem eu sou e do caminho
que percorri para chegar até aqui.

# AGRADECIMENTOS

À minha mãe, que me ensinou a nunca desistir, mesmo quando a vida parecia sem saída.

Ao meu pai, por me mostrar que ser fiel a si mesmo é sempre o caminho, mesmo que isso incomode o mundo.

À minha avó, por ter sido amor e abrigo, por nunca deixar que eu sentisse fome e por me dar a base para sonhar.

Às minhas filhas, Victoria e Julia. Tudo que faço carrega vocês.

Aos meus mestres e guias espirituais, por acenderem luz em dias de escuridão.

E a você, que está com este livro em mãos: obrigada por me permitir entrar na sua vida. Que cada página seja um lembrete de que é possível renascer.

# SUMÁRIO

# INTRODUÇÃO

**Este livro é destinado a todos que já sentiram o peso da dor** em qualquer uma de suas formas, àqueles que estão incertos em sua busca, mas convictos de que a vida pode ser mais plena, feliz e justa. Nestas páginas, você terá um encontro íntimo com a sua essência e aprenderá a traçar um caminho para que possa expressar sua verdadeira luz, encontrando paz no dia a dia e tranquilizando todas as inquietações que habitam seu coração ao curar as feridas que, por mais antigas que sejam, ainda doem.

Ao longo da vida, somos moldados sob vários aspectos que nos tiram de nosso formato original. Nascemos livres para expressar tudo o que desejamos, para brilhar com uma luz única e inconfundível, mas, com o passar dos anos, vamos perdendo essa luz e nos desconectando dela até que, em muitos casos, deixamos de acreditar em sua existência. Em alguns momentos, a vida chega a perder o significado, e vagamos dia após dia sem entender qual é o nosso papel, para que viemos ao mundo e como podemos tirar maior proveito de nossa jornada e alcançar a felicidade de experimentar quem realmente desejamos ser.

O sofrimento faz você enxergar partes de si que não quer ver, o que aumenta ainda mais a dor. Quem nunca chegou ao fundo do poço emocional sentindo que iria morrer, sem conseguir se livrar do que machucava internamente? Quem nunca se viu perdido em meio às expectativas alheias, tentando desesperadamente se encaixar em um molde que não lhe pertence? Quem nunca sentiu o peso da solidão, mesmo cercado por multidões? Se você já se viu neste lugar, saiba que não está sozinho. E, mais importante ainda, saiba que há uma luz brilhante ao fim desse túnel aparentemente interminável. Ao longo destas páginas, você será convidado a desvendar os segredos ocultos por trás de suas dores mais profundas, a reconhecer o poder transformador que reside em suas experiências. No vasto universo da autotransformação, existe um chamado silencioso que ecoa dentro de cada um de nós, um apelo da alma em busca de cura e renovação. É chegada a hora de reacender essa chama, de reconectar-se com sua essência mais pura e autêntica.

Nós temos muitas crenças arraigadas em nosso ser, e todas as nossas ações, nossos relacionamentos e nossas interações com o mundo são espelhos dessas crenças. Ao compreendê-las, somos capazes de desvendar os mistérios de nossos próprios padrões de pensamento, abrindo as portas para uma vida de plenitude e realização. Então, como o grande poeta Rumi escreveu, "por que continuar na prisão se a porta está aberta?".[1]

Eu sei exatamente o que é viver uma vida em busca de liberdade, de sentido e de felicidade, e nesta obra vou compartilhar com você como consegui transformar toda a minha desconexão em bênçãos.

Nasci em Belo Horizonte e tive uma infância tal como a de muitos brasileiros: difícil e repleta de escassez. Desde cedo, eu acreditava que tinha sido condenada pela vida.

Quando eu tinha 5 anos; minha irmã, 3; e meu irmão, pouco mais de 1, minha mãe abandonou o nosso lar, partindo com um homem que tinha acabado de conhecer. Ela saiu de casa certa manhã, depois que meu pai foi trabalhar, e nos deixou trancados em casa. Depois de horas chorando com meus irmãos, os vizinhos nos ouviram e fomos resgatados. Foi um momento marcado por tanta dor que até hoje me emociona.

Depois daquele dia, minha vida tomou um rumo totalmente inesperado. Fomos morar com meu pai na casa da minha avó, e ali eu vivi muitas dores novas. Ela me batia regularmente e vivíamos em uma insuficiência profunda, tanto financeira quanto emocional – sendo esta a pior de todas, pois é possível viver na pobreza e ter um ambiente emocionalmente forte. Sei disso porque, hoje, com uma condição financeira melhor, já fiz muitas viagens e conheci pessoas sem muitos recursos financeiros, mas que eram felizes, que tinham fé e brilho nos olhos, algo que nunca existiu em nossa família.

Eu poderia lhe dizer que foi "só" isso, e já seria muita coisa, mas aquele foi só o começo de muitos desdobramentos. Uma das piores lembranças que carrego comigo é a de ter testemunhado, pouco tempo após o abandono, minha mãe mendigando na rua, sofrendo com a esquizofrenia. Já meu pai, nos anos seguintes, começou a vender drogas, e também voltou a usá-las. Ele havia começado aos 13 anos, quando foi morar em um orfanato

---

[1] *"Why do you stay in prison // when the door is so wide open?"*. RUMI. A Community of the Spirit. *In*: BARKS, C. (org.) **The Essential Rumi.** Nova York: Harper Collins, 2010.

e, ao se casar, parou de usar por um tempo, porém logo recaiu e seguiu se entorpecendo por toda a vida, até falecer devido a uma overdose em 2019.

Por outro lado, na casa da minha avó, eu vivia sob um regime autoritário. Estava sempre preparada para me defender dos ataques diários. Ali não existia espaço para vaidade, conforto ou infância. Certa vez, ganhei um presente muito especial: um dia de beleza no salão, que me foi dado por uma freira da igreja que frequentávamos. Eu estava extasiada diante da oportunidade de ganhar um corte de cabelo bonito. Aquilo era um diamante para uma criança carente como eu, afinal, alguém estava fazendo algo por gostar de mim, e não porque eu tinha que lavar as louças ou cuidar dos filhos da pessoa em troca.

Lembro-me de sair do salão me sentindo especial, mas a felicidade durou poucas horas. Ao me ver com os cabelos cuidados e bem cortados, minha avó correu para a cozinha e pegou um facão, gritando para que eu me sentasse. Assustada e com medo do que ela faria, obedeci. Imediatamente, ela começou a berrar que eu era feia e nunca seria bonita; e cortou meu cabelo com o facão. Assim, foi-se embora meu precioso presente, e eu só conseguia chorar.

Estou lhe contando isso pois desejo que você entenda como todos esses traumas e exemplos ruins da infância me transformaram em uma adolescente revoltada, que aos 16 anos se envolveu em um relacionamento abusivo com as drogas, em especial o crack. A vida real, infelizmente, pode ser muito feia conosco e nos transformar em pessoas que têm atitudes também feias em resposta à violência à qual somos expostos. Isso se transforma em um ciclo infinito de gerações que agridem novas gerações, perpetuando a infelicidade, a dor e o desamparo emocional por todo o mundo. A menos que tomemos a decisão de quebrar esse ciclo.

Veja, eu tive tudo para dar errado nesta vida. Por um momento, segui pelo caminho da dor, mas consegui ressignificar a minha existência e sair de um lugar muito obscuro para uma realidade brilhante e próspera.

Hoje, sou uma mulher que transformou desafios em propósito. Sou empreendedora, *mindset coach* e professora de meditação e de Ayurveda. Minha jornada me levou a viver na Europa há mais de vinte anos, impactando vidas ao redor do mundo: do Brasil aos Estados Unidos, da Índia à Europa. Meu trabalho é voltado especialmente a mulheres que buscam cura, autoconhecimento e a realização de seus sonhos mais profundos.

Minha formação é construída sobre uma base sólida de aprendizado em instituições renomadas, como o Chopra Global, e experiências transformadoras em lugares de poder, como Índia, Bali e Peru. Mas minha maior conquista foi a cura de feridas inconscientes que eu carregava desde a infância, um processo que abriu as portas para uma vida de abundância e propósito. Com minha metodologia própria, manifestei tudo o que antes parecia impossível: minha casa, minhas filhas, meu negócio de sucesso, o aprendizado de dois novos idiomas e, principalmente, a libertação de traumas que antes me limitavam.

Hoje, integro técnica e intuição para guiar mulheres a se reconectarem com seu poder interior. O que ensino é mais do que uma ferramenta; é a magia de acessar o extraordinário que já existe dentro de cada uma de nós. Minha missão é empoderar mulheres a viverem vidas autênticas, plenas e alinhadas com seus sonhos – porque, juntas, podemos transformar o impossível em realidade.

Hoje, sei que fui abençoada com a minha história para que pudesse ajudar outras pessoas a também transformarem dor em força, curando suas feridas interiores. Como Viktor Frankl escreveu no livro *Em busca do sentido,*[2] depois de sobreviver a um campo de concentração durante a Segunda Guerra Mundial, ninguém pode fazer você sofrer sem sua permissão.

O sofrimento precisa se apoderar de nossa mente para mudar nosso comportamento, e o contrário também é verdade. A pior coisa do mundo pode se transformar na melhor se você aprender a controlar o significado que você dá a ela. Eu sei que existem sofrimentos que nos são impostos; eu os senti na pele, mas também aprendi que tenho dois caminhos: posso deixá-los governar o resto da minha vida ou posso ressignificá-los e construir um futuro em que eles não me afetarão mais, usando-os para alcançar grandes feitos em minha vida.

Um dos ensinamentos mais valiosos que aprendi com os budistas foi que a dor é física; e o sofrimento, mental, e acredito que Victor Frankl entendeu muito bem isso ao escrever seu livro depois de ter superado o que viveu na guerra. As dores que sofri na infância afetaram minhas escolhas na vida adulta, porque o sofrimento mental me expôs à vulnerabilidade. Porém, em minha jornada de cura, desenvolvi uma visão interna de quem eu sou e mudei meu olhar em relação ao meu passado. Depois de anos estudando desenvolvimento pessoal e as leis universais e praticando meditação diariamente, consegui ajudar a mim mesma e, depois, a muitas mulheres que também buscavam se libertar das cicatrizes deixadas pela vida.

---

[2] FRANKL, V. **Em busca de sentido.** Petrópolis: Editora Vozes, 1991.

Nessa busca por libertação e cura, desenvolvi um método que me possibilitou ter hoje a realidade com a qual eu sonhava catorze anos atrás. Este livro é uma ferramenta poderosa que desenvolvi para que você, caro(a) leitor(a), aprenda também a transcender a dor e viver um futuro pleno de significado e realizações.

O método que você aprenderá aqui não é apenas um conjunto de técnicas; é um convite para uma experiência de vida mais profunda e significativa. Aqui, você descobrirá práticas simples, mas poderosas, que o ajudarão a manifestar a vida dos seus sonhos. À medida que avançarmos pelo livro, você aprenderá a redesenhar suas narrativas internas com o auxílio de práticas como a autossugestão e a visualização de futuro, reconectando-se cada vez mais com a sua essência mais pura.

Mais do que um livro de autodesenvolvimento, este é um guia para o seu despertar espiritual e empoderamento pessoal. Mergulhe nestas páginas com coração aberto e mente receptiva, permita-se explorar as profundezas de sua própria alma e testemunhar a transformação que emerge quando nos entregamos ao poder do amor-próprio, do autoperdão e da autenticidade.

Este é um convite para uma jornada de luz e sombra, de dor e cura, de encontro consigo mesmo e com a plenitude da vida que aguarda você além dos véus da ilusão. Seja bem-vindo à sua jornada de despertar.

CAPÍTULO 1

# Aceitando nossos traumas

"Conhecimento é poder, mas conhecimento sobre si mesmo é autocapacitação."
***Dr. Joe Dispenza*** [3]

**Buscar felicidade, alegria e a realização dos nossos sonhos é** um processo natural do nosso espírito. A busca pelas emoções positivas expande nosso nível de consciência, e quanto mais a consciência se expande, mais encontramos felicidade e alegria. Isso também aumenta nossa capacidade de criatividade e resolução de problemas, nos tornando mais resilientes e abertos para a vida. Entretanto, nossos resultados são o produto de paradigmas que aprendemos na infância e que controlam tudo à nossa volta. Enxergamos a vida através das nossas crenças, e é por meio delas que moldamos nosso comportamento. Buscamos a felicidade por não termos consciência de que o necessário não é buscá-la, mas reaprender a senti-la.

A neurociência explica que o cérebro humano é composto de dois hemisférios: o esquerdo, associado ao pensamento lógico e analítico, e o direito, ligado à intuição, à criatividade e às emoções. Enquanto o hemisfério esquerdo é responsável por decisões racionais, cálculo e planejamento, o hemisfério direito tende a influenciar decisões mais emocionais, intuitivas e criativas. Ambos trabalham juntos para formar nossa percepção do mundo e guiar nossas escolhas.[4]

Além disso, o sistema límbico, que inclui estruturas como o hipocampo, a amígdala e o hipotálamo, é essencial no processamento de emoções. A amígdala, em particular, desempenha um papel crucial na avaliação de estímulos emocionais, gerando respostas automáticas, muitas vezes

---

[3] DISPENZA, J. Conhecimento é poder. **Pensador.** Disponível em: www.pensador.com/frase/MjY4NjcxNA/. Acesso em: 14 jun. 2025.

[4] GALVÃO, L. A hora e a vez do lado direito do cérebro - no olhar de Daniel Pink. **Exame**, 30 jan. 2023. Disponível em: https://exame.com/colunistas/o-que-te-motiva/o-cerebro-do-futuro-no-olhar-de-daniel-pink/. Acesso em: 19 maio 2025.

inconscientes, baseadas em experiências anteriores.[5] Esse sistema é uma parte fundamental do cérebro emocional, conectando nossas experiências emocionais do passado às nossas reações do presente.

Quando enfrentamos situações que evocam respostas emocionais intensas, como medo, ansiedade ou até alegria, o sistema límbico é ativado antes mesmo que o cérebro racional (o córtex pré-frontal) tenha tempo de avaliar a situação. Isso explica por que, muitas vezes, reagimos de maneira emocional antes de processarmos racionalmente o que está acontecendo. Assim, mesmo que tentemos "pensar positivo", o sistema límbico pode nos dominar com padrões emocionais profundamente enraizados, que foram aprendidos ao longo da vida.

Essa interação entre os hemisférios cerebrais e o sistema límbico evidencia como nossos pensamentos, emoções e comportamentos estão interconectados. A psicologia sugere que, ao atingirmos os 35 anos, cerca de 95% da nossa identidade é composta de um conjunto de comportamentos e reações memorizadas inconscientemente.[6] Isso significa que grande parte do que fazemos é fruto de padrões automáticos, influenciados por nossas emoções e experiências passadas, controlados pelo sistema límbico.

No entanto, o cérebro possui uma incrível plasticidade. Podemos desaprender padrões negativos e criar novos circuitos neurais ao praticar pensamentos e comportamentos diferentes. O sofrimento, assim como outros padrões emocionais, pode ser desaprendido quando treinamos o cérebro a pensar e reagir de maneira diferente, conectando as partes racionais e emocionais de modo mais harmônico.

Um exemplo disso é a pessoa que tenta criar uma vida com uma visão mais elevada e não consegue, o que a faz se sentir culpada por não conseguir mudar. E realmente não consegue, porque a mente e o corpo estão trabalhando um contra o outro. Isso ocorre porque usamos apenas 5% da mente consciente contra 95% da mente subconsciente,[7] que está cheia das memórias do passado.

---

[5] FISCHBORN, G. Quando a emoção fala mais alto: saiba como funciona a amígdala cerebral. **Correio Braziliense**, 3 abr. 2022. Disponível em: www.correiobraziliense.com.br/revista-do-correio/2022/04/4996767-quando-a-emocao-fala-mais-alto-saiba-como-funciona-a-amigdala-cerebral.html. Acesso em: 19 maio 2025.

[6] DISPENZA, J. **Quebrando o hábito de ser você mesmo**: como reconstruir sua mente e criar um novo eu. Porto Alegre: Citadel, 2018.

[7] KENDALL, B. Why Your Subconscious Mind Is Ridiculously Powerful. **Beth Kendall**, 4 set. 2020. Disponível em: www.bethkendall.com/blog/why-the-subconscious-mind-is-ridiculously-powerful. Acesso em: 14 jun. 2025.

Em razão da neuroplasticidade, isto é, da capacidade do cérebro de se adaptar e formar novas conexões, nós mudamos a cada pensamento que temos, cada coisa nova que aprendemos, cada experiência que criamos, cada escolha que fazemos e cada sonho que sonhamos. Nós temos o poder de criar sequências de padrões no cérebro e fazê-lo funcionar de acordo com o que queremos.

Muitas pessoas até tentam fazer essa mudança, mas, quando o resultado começa a aparecer, ele surge em forma de desconforto. Isso gera dor, fazendo a pessoa parar no meio ou mesmo no início do caminho e voltar ao hábito familiar por medo de sofrer. É necessário ultrapassar o bloqueio mental, que muitas vezes se manifesta como medo, dúvida, insegurança ou tristeza toda vez que tentamos abandonar um vício ou relacionamento, fazer aquela viagem dos sonhos ou a tão sonhada transição de carreira.

Vimos que o cérebro é formado por dois hemisférios, e isso reflete a luta interna entre o que queremos racionalmente e o que sentimos. Quando tentamos sair do conhecido e entrar no desconhecido, mudando hábitos que nos limitaram por toda a vida, o cérebro reage ativando padrões emocionais que nos prendem ao passado.

E esses hábitos que tanto desejamos mudar são, muitas vezes, manifestações das nossas crenças. Por exemplo, uma pessoa que procrastina não o faz porque é preguiçosa, mas talvez porque tenha crescido com pais ou cuidadores também procrastinadores. No subconsciente, ela foi programada para deixar as tarefas mais importantes para depois, sempre se ocupando com as coisas mais fáceis.

O neurocientista dr. Joe Dispenza explica que, toda vez que pensamos, produzimos substâncias químicas no cérebro.[8] Pensamentos expansivos e ilimitados ativam circuitos que sinalizam outras áreas do cérebro, desencadeando sentimentos de grandeza e liberdade. Infelizmente, a programação mental da maioria das pessoas não permite esses pensamentos expansivos, porque durante a infância, entre os 3 e os 7 anos, elas foram condicionadas a viver e pensar de acordo com o ambiente limitante em que foram criadas.

Para aproveitar plenamente a vida e agarrar as oportunidades que ela oferece, é essencial reprogramar essas crenças e padrões limitantes. Sem essa reprogramação, muitos de nós continuam focados nos problemas, em vez de encontrar soluções. Uma mentalidade vencedora é aquela que

---

[8] DISPENZA, J. *op. cit.*

enfrenta os desafios, sabendo que por trás de cada dificuldade há uma lição e uma grande revelação esperando para emergir.

Em grande parte, nossos pensamentos e emoções são moldados pelas experiências não resolvidas da infância. Isso cria um viés para o negativismo, ativando a resposta de luta ou fuga no sistema límbico. Esse mecanismo é uma reação fisiológica projetada para proteger o corpo contra ameaças percebidas, reais ou imaginárias. Quando algo parece ameaçador, partimos para o ataque ou evitamos o confronto, o que acaba gerando comportamentos defensivos e reações baseadas no medo.[9]

Assim, frente à dor emocional, muitas pessoas entram no estado de fuga, recusando-se a enfrentá-la e crendo que ela vai desaparecer com o tempo, como uma neblina que se dissipa lentamente. No entanto, se não for trabalhada, a dor emocional pode se tornar crônica e aprisionar a pessoa em um ciclo de pensamentos e emoções negativos. Isso afeta todas as áreas da vida: relacionamentos, finanças, saúde e amor. É vital entender que escapar dessa prisão mental e emocional deve ser uma prioridade para alcançar o bem-estar e a felicidade a longo prazo.

No entanto, a maioria das pessoas nessa situação sequer sabem que estão aprisionadas pois já naturalizaram esse ciclo negativo. Só que é necessário reconhecer essa situação e querer sair dela, compreendendo que o medo e a dor são reações naturais ao enfrentarmos nossos traumas e sofrimentos, porque envolvem partes muito sensíveis do ser humano: a identidade e autoimagem, que são, em grande parte, produto da programação mental adquirida ao longo da vida. Enfrentar essas dores e medos desencadeia reações defensivas no corpo, o que confundimos com sentimentos negativos. Quando evitamos confrontar nossos medos, criamos ansiedade e deixamos de enfrentar o único inimigo que existe: nós mesmos.

A verdade é que a dor tem um propósito profundo: nos ajudar a conhecer quem realmente somos para, assim, nos libertar. Quando temos coragem de olhar para nós mesmos e para nossas dores, descobrimos que, por baixo dessas camadas de sofrimento, existe um ser intocável. Esse é o verdadeiro "eu" que vamos ativar com as práticas que você aprenderá neste livro.

Já imaginou ter controle total das suas emoções? Isso é possível. Por meio de ajustes mentais e emocionais, podemos aprender a controlar

[9] LUTA e fuga: as reações do corpo ao medo. **Governo do Estado do Rio de Janeiro**, 31 out. 2020. Disponível em: www.saude.rj.gov.br/noticias/2020/10/luta-e-fuga-as-reacoes-do-corpo-ao-medo. Acesso em: 19 maio 2025.

nossos pensamentos e, consequentemente, nossa vida. Existe uma fórmula mágica que você vai explorar ao longo deste livro: **pensamento + sentimento + ação = resultado.** A seguir, vamos nos aprofundar mais nessa fórmula, mas, antes, gostaria de compartilhar alguns dados importantes para que você leve a sério sua saúde mental.

A Organização Mundial da Saúde (OMS) alerta o aumento global no número de pessoas que sofrem de doenças mentais comuns, uma tendência especialmente preocupante em países de baixa renda. A ansiedade afeta mais de 260 milhões de pessoas em todo o mundo, e o Brasil se destaca como o país com o maior índice de pessoas com ansiedade, cerca de 9,3% da população, de acordo com a OMS. Além disso, novos dados revelam que 86% dos brasileiros enfrentam algum tipo de transtorno mental, incluindo ansiedade e depressão.[10]

O uso excessivo das redes sociais pode criar um círculo vicioso, diminuindo os contatos interpessoais presenciais e criando muito estresse por causa do excesso de informação. Isso pode levar à baixa autoestima e a comparações prejudiciais que exacerbam os problemas emocionais. Esse fenômeno é alarmante não apenas para o Brasil, mas para o mundo todo.

Desde 2009, a OMS alerta a respeito da prevalência da depressão, prevendo que ela se tornará, até 2030, a doença mais comum do mundo, superando até mesmo o câncer e as doenças cardíacas.[11] E, claro, essa é uma doença com diversas causas possíveis, mas as emoções não resolvidas desempenham um papel significativo no diagnóstico pois geram padrões repetitivos que podem levar, em um primeiro momento, a comportamentos emocionais prejudiciais e, em última instância, à depressão e ao estresse.

Existe um caminho para evitarmos essa previsão assustadora: o caminho do autoconhecimento. Quando aprendemos ferramentas para nos curar emocionalmente, enfrentamos nossas sombras e não sofremos mais com as histórias do passado nem com as atitudes dos outros. Conseguimos assumir responsabilidade por nossas emoções e, ao mesmo tempo, deixar o outro também com a parte que lhe cabe. Muitos de nós temos a tendência de exigir muito de nós mesmos e dos outros, buscando incessantemente a

---

[10] PASSOS, L. Pesquisa mostra que 86% dos brasileiros têm algum transtorno mental. **Veja**, 31 jul. 2019. Disponível em: https://veja.abril.com.br/saude/pesquisa-indica-que-86-dos-brasileiros-tem-algum-transtorno-mental. Acesso em: 24 maio 2025.

[11] PARA OMS, depressão será a doença mais comum do mundo em 2030. **Coren SP**, 3 set 2009. Disponível em: https://portal.coren-sp.gov.br/noticias/para-oms-depressao-sera-a-doenca-mais-comum-do-mundo-em-2030/. Acesso em: 24 maio 2025.

perfeição. Esse padrão de cobrança nos esgota, criando um vazio interno que não apenas gera sofrimento emocional, mas também nos desconecta do mundo ao nosso redor. Afinal, ninguém é perfeito, e tentar buscar a perfeição, seja em nós mesmos ou nos outros, só nos conduz a um círculo vicioso de frustração e isolamento.

É esse modo de viver que nos torna ansiosos e depressivos e nos prende entre o peso do passado e as preocupações com o futuro. A ansiedade, muitas vezes, nasce da nossa incapacidade de viver o presente; reflexo de uma mente que debate o que já aconteceu e o que ainda pode acontecer. Mas para que nos serve um passado cheio de sofrimentos, senão como um guia de aprendizado? O passado, quando bem compreendido, nos revela o que não precisamos mais ser e nos lembra da nossa resiliência e da nossa capacidade de superação. Todo mundo já enfrentou alguma dor, seja ela grande ou pequena, e cada experiência dolorosa nos molda, forjando nossa força interior, tanto é que é comum que, em algum momento da vida, alguém diga: "Eu não seria quem sou se aquilo não tivesse acontecido comigo".

A ansiedade também pode nascer do medo do futuro, da tentativa incessante de prever o que virá, para que os erros do passado não se repitam. Isso cria um paradoxo: o futuro, que deveria ser um campo de possibilidades, torna-se um lugar perigoso, carregado de incertezas e medos. E tudo depende de como nossa mente encara o desconhecido.

A mente que está presa aos problemas tende a projetar dificuldades e fracassos no futuro, antecipando o sofrimento com base nas experiências do passado. Por outro lado, uma mente mais elevada, que consegue olhar para os problemas com a perspectiva de aprendizado e crescimento, vê no futuro não um lugar de medo, mas um território de possibilidades. Ao extrair lições do que vivemos, podemos usar o futuro como uma tela em branco sobre a qual podemos criar a vida que desejamos.

Assim, o futuro pode ser um lugar de temor ou de poder, dependendo da maneira como nos preparamos para ele. Ao focarmos nossos sonhos e visualizarmos o que queremos para nossa vida, entramos na vibração do nosso verdadeiro eu. Existem três versões de nós mesmos coexistindo no presente: a que somos hoje, a que carrega as dores do passado e a nossa melhor versão.

A que somos hoje carrega uma bagagem cheia de crenças limitantes, fruto do que vivemos até aqui. Essa versão de nós muitas vezes nos limita, impedindo-nos de enxergar nosso verdadeiro potencial. É comum que outras pessoas vejam em nós um potencial que ainda não conseguimos acessar. Talvez já tenham lhe dito que você pode ser muito mais do que é hoje, e essa verdade pode ser dolorosa. Isso acontece porque nossas crenças de escassez e nosso medo estão tão enraizados que ainda não conseguimos internalizar a mensagem que o Universo, por meio das circunstâncias e das pessoas ao nosso redor, está tentando nos passar.

A segunda versão de nós mesmos é a que carrega as dores do passado. Ela é marcada pelas cicatrizes de falências, traições, abandonos e outras situações dolorosas que vivemos. Essa versão é uma sombra do que fomos e é muito perigosa, pois muitas vezes nos impede de tentar de novo, de nos dar novas chances, de nos amarmos verdadeiramente. São as crenças arraigadas em traumas do passado que nos seguram, impedindo-nos de avançar.

A terceira versão é a nossa melhor versão, o eu que se ama de verdade, que sabe impor limites aos outros, que diz "não", que realiza sonhos e vive de maneira plena, próspera, amada e valorizada. Ela já existe dentro de nós, esperando para se manifestar. Mas para que possamos acessar essa versão, é necessário ter coragem. Precisamos encarar quem somos hoje, enfrentar nossas dores do passado e, com resiliência, dar os passos necessários para nos conectarmos com esse novo eu. Isso exige trabalho emocional, mas, acima de tudo, exige o desejo genuíno de transformação.

As práticas de autoperdão, atenção plena, meditação, afirmações positivas, visualização e uma técnica chamada "*cry it out*", ou "chore até ficar sem lágrimas", que eu desenvolvi em um momento muito desafiador enquanto escrevia este livro, são ferramentas poderosas para reprogramar a mente. Elas nos ajudam a olhar para o passado com gratidão, independentemente das dificuldades que enfrentamos. Quando perdoamos a nós mesmos e aos que nos feriram, liberamos o peso emocional que nos prende e nos abrimos para um futuro empolgante, mesmo que ainda incerto. Este é o poder que todos nós temos: o de superar qualquer desafio e criar uma vida que seja uma escolha consciente, uma vida que reflita o nosso verdadeiro eu, livre de medos e limitações do passado.

É importante, porém, que você entenda que esse processo de cura é exatamente isto: um processo. Ou seja, uma vez que você escolha mudar, essa mudança não virá do dia para a noite. Ela levará tempo, mas virá. Quando eu tinha 26 anos, e minha filha mais velha tinha apenas 2, vivi uma das maiores crises da minha existência, que me causou uma ferida tão profunda que levou doze anos para cicatrizar completamente. Fui traída por um grande amigo, alguém em quem eu confiava inteiramente. Ele não só roubou tudo o que pôde em termos financeiros, mas também tentou destruir minha dignidade, difamando-me para a comunidade brasileira na Dinamarca. A gravidade dessa traição me deixou despedaçada, e perdi a fé nas pessoas. Durante muito tempo, não conseguia mais confiar em ninguém. O processo de cura foi longo e doloroso, mas a prática da meditação desempenhou um papel fundamental em minha recuperação emocional.

Lembro-me claramente do momento em que, durante uma sessão de meditação, finalmente consegui compreender o porquê de tudo aquilo ter acontecido comigo. Na época, eu estava decidida a me divorciar do meu ex-marido. O dinheiro que meu amigo roubou era o que eu havia economizado para poder seguir em frente com a separação. No entanto, o golpe moral e financeiro me deixou sem forças para continuar com esse plano. Foi então que, destroçada e sem alternativas, decidi dar uma nova chance ao meu casamento. Como parte desse recomeço, meu marido sugeriu que tivéssemos outro filho, e assim nasceu a Julia, minha filha amada.

Se não fosse por aquele homem que me traiu, eu talvez não tivesse a Julia e minha vida teria seguido um caminho completamente diferente. Hoje, vejo claramente que aquele episódio doloroso foi, de certa forma, necessário para que eu pudesse ter minha filha caçula, uma parte essencial de quem sou. Mas, para alcançar essa compreensão, precisei passar por um profundo processo de transformação pessoal. Levei muito tempo para perceber que o sofrimento, embora terrível no momento em que o vivemos, pode trazer consigo importantes lições. Muitas vezes, nos apegamos à dor, tornando-a parte de nossa identidade, e isso impede que enxerguemos o aprendizado que ela oferece. Criamos uma barreira entre o sofrimento e a cura, e é por isso que tantas pessoas permanecem presas em ciclos de dor.

O sofrimento, no entanto, pode ser ressignificado. Tudo depende da força da nossa mentalidade e do controle que temos sobre nossas emoções. Quando estamos imersos na dor, é difícil perceber isso, mas quanto mais saudável for a mente, mais rápido podemos nos recuperar de experiências traumáticas. A prática constante de autocuidado emocional, por meio de meditação, reflexão e outras ferramentas de desenvolvimento pessoal, cria uma base sólida para enfrentarmos as adversidades da vida.

A física quântica nos ensina que tudo no Universo é energia, e nossos pensamentos têm o poder de influenciar essa energia. Se nos mantivermos presos a padrões negativos de pensamento, vibraremos em frequência negativa, e essa energia se materializará em nossa realidade. Por outro lado, se conseguirmos mudar nossos pensamentos, poderemos alterar nossa vibração e, com isso, atrair para nós experiências mais positivas. Este é o verdadeiro poder do pensamento: ele molda a nossa realidade.

O segredo está na maneira como interpretamos o que acontece conosco. O que realmente importa não é o evento em si, mas o significado que damos a ele. Como diz uma citação que gosto muito, atribuída a Wayne Dyer: "Quando você muda a forma como olha para as coisas, as coisas mudam".[12] Essa mudança de perspectiva tem o poder de transformar nossas vidas. Quando alteramos nossos pensamentos, nossa realidade também se transforma. Esta é a verdadeira mágica da vida: a capacidade de ressignificar o sofrimento, de encontrar a bênção escondida nas dificuldades e de, finalmente, nos libertarmos do ciclo de dor.

---

[12] *Change the way you look at things, and the things you look at change.* DYER, W. Success Secrets. **Dr. Wayne W Dyer**. Disponível em: www.drwaynedyer.com/blog/tag/the-way-you-look-at-things/. Acesso em: 14 jun. 2025.

CAPÍTULO 2

# O espelho do cotidiano

"Somente quando temos coragem suficiente para explorar a escuridão, descobrimos o poder infinito de nossa própria luz."

***Brené Brown***[13]

"O que rejeitamos se torna um peso; o que integramos se transforma em força."

***Autor desconhecido***

**No dia a dia, enfrentamos uma batalha interna que muitas** vezes parece fora do nosso controle. Essa luta é o fruto de padrões de pensamentos que estão enraizados em um fenômeno conhecido como "viés da negatividade". Cientificamente, esse viés é uma consequência direta do funcionamento do cérebro, especificamente do sistema límbico, que é responsável por nossas respostas emocionais.

Desde o início da humanidade, o sistema límbico foi essencial para nossa sobrevivência, ajudando nossos ancestrais a detectar perigos e a reagir rapidamente contra ameaças, como a presença de um predador. Contudo, hoje essa programação continua a nos influenciar, mesmo quando as ameaças que enfrentamos são emocionais, e não físicas.

O cérebro é predisposto a se concentrar nas experiências negativas uma vez que detectar e reagir ao perigo poderia ser questão de vida ou morte. Mas, enquanto as experiências negativas se fixam em nossa mente, as positivas parecem não ter o mesmo impacto duradouro. Esse desequilíbrio cria um ciclo em que estamos sempre vigilantes, prontos para nos defender de qualquer potencial ameaça emocional. Essa tendência natural de focar o negativo muitas vezes nos impede de enxergar as oportunidades de crescimento e transformação que essas experiências dolorosas podem oferecer.

Aqui é onde entra o Método SOL: Sofrimento Obrigatório Liberta. O que isso significa? Significa que, ao contrário do que o cérebro nos faz acreditar, as dores emocionais que enfrentamos não são nossas inimigas. Elas são, na verdade, um produto de uma mente insana, uma mente que está presa a padrões antigos de pensamento e que precisa se libertar. Essas dores são sinais de que algo em nosso modo de pensar precisa ser transformado. São os sentimentos que experimentamos que nos mostram o que está errado em nossa mentalidade.

---

[13] BROWN, B. **A coragem de ser imperfeito.** Rio de Janeiro: Sextante, 2013.

Para quebrar esse ciclo, não basta tentar fugir ou abafar o sofrimento. Precisamos enfrentá-lo diretamente, entender a mensagem que ele traz e, a partir daí, mudar nossa maneira de pensar. Ao fazer isso, nos libertamos do sofrimento contínuo e abrimos espaço para uma vida mais equilibrada e consciente.

## Casos da vida real

"Para cada dor, há uma sabedoria aguardando para ser revelada. Nossas sombras não são inimigas, elas fazem parte de nós, carregando as lições que nos permitem florescer."
***Autor desconhecido***

No capítulo anterior, abordamos as forças sutis que influenciam nossos sentimentos e nossas visões de mundo. Agora, quero convidá-lo a mergulhar em histórias reais de pessoas que, ao encararem as próprias dores, encontraram uma luz interior que jamais imaginaram existir. Talvez você se identifique com alguma dessas histórias ou, quem sabe, veja nelas um espelho para sua própria jornada. Todos esses indivíduos passaram pelo Método SOL e conseguiram transformar suas dores em uma fonte de crescimento e renovação.

**Laura,**[14] ao longo dos seus 65 anos, enfrentou desafios profundos, incluindo a perda trágica de sua filha de apenas 7 anos em um afogamento. Mesmo após a aposentadoria, ela sentia que ainda tinha uma missão de ajudar os outros, então se aprofundou em meus cursos e retiros e iniciou uma jornada de autodescoberta que a levou a transformar seu sofrimento em uma força positiva. Hoje, Laura não apenas superou suas dores, mas também encontrou uma nova carreira no mundo digital. Com sua história, ela ajuda outras pessoas a se curarem, ao mesmo tempo que construiu uma nova fonte de renda e propósito.

**Julia,** 30 anos, vivia uma vida marcada pelo estresse e pela ansiedade do mundo corporativo, sofrendo inclusive de bruxismo. Ela participou de praticamente todos os meus cursos e retiros, utilizando as ferramentas do Método SOL para transformar sua vida pessoal e profissional. Julia não apenas se curou do bruxismo e da ansiedade e alcançou reconhecimento profissional, como também manifestou o apartamento dos seus sonhos. Após

[14] Os nomes mencionados neste livro foram alterados para proteger a privacidade dos envolvidos.

aprender a controlar as próprias emoções e a usar a mente para cocriar em vez de destruir, Julia testemunhou o poder da mudança interna em sua realidade externa. Ela é a prova de que, quando tomamos as rédeas de nossas emoções e aprendemos a cocriar conscientemente, conseguimos transformar todas as áreas da nossa vida.

**Maria** enfrentou o diagnóstico desafiador de esclerose e uma jornada de tratamentos dolorosos que a levaram a mudar de estado, deixando a casa dos seus pais em busca de cuidados. No curso de meditação, ela encontrou uma fonte de força interna e descobriu o verdadeiro poder do seu eu interior para enfrentar os desafios. Em apenas três meses de prática, seus médicos ficaram surpresos com os resultados dos exames. Durante os momentos mais difíceis no hospital, Maria recorria às técnicas de respiração que aprendeu comigo, o que lhe dava força e serenidade para suportar os procedimentos. Além disso, ela começou a manifestar desejos específicos com a visualização, como ganhar sorteios na internet e, o mais impressionante, conseguiu manifestar uma casa em São Paulo exatamente como imaginava. Sua história é um testemunho vivo do poder transformador do desenvolvimento pessoal e de como, mesmo diante das adversidades, sempre há espaço para o crescimento, a cura e a manifestação dos nossos desejos mais profundos.

**Raquel** iniciou sua jornada de cura da criança interior em meio a uma batalha contra um câncer. Juntas, exploramos o perdão, a gratidão, a meditação e as afirmações positivas. Embora o processo de cura tenha sido doloroso, a prática da meditação trouxe uma profunda sensação de paz para Raquel, permitindo que ela encarasse cada dia do seu tratamento como uma nova oportunidade de vida. Após três anos de luta e perseverança, ela finalmente alcançou a cura, atribuindo esse resultado tanto à medicina quanto à metodologia que aplicamos juntas. Essa jornada não apenas a curou fisicamente, mas transformou sua vida de maneiras que ela jamais imaginou. A história de Raquel é um testemunho da resiliência humana e do poder da mente para superar desafios aparentemente insuperáveis.

**Norma,** do México, cruzou meu caminho em um workshop internacional on-line, no qual decidi compartilhar minha própria história de vida. Após o término do workshop, Norma me procurou, querendo agendar mentorias para curar sua criança interior. Sua história era comovente: após a morte do pai, seu herói, ela enfrentou uma batalha judicial iniciada por sua mãe, que tinha congelado todos os bens deixados para a filha. Norma também foi afastada das próprias filhas, que passaram a morar com a avó. Essa divisão familiar a abalou profundamente. Trabalhamos com muita intensidade as questões de sua criança interior e, após dois meses de mentorias, Norma me enviou uma mensagem emocionada: ela havia conseguido passar o Dia das Mães ao lado de sua mãe, algo que parecia impossível antes. Esse foi o começo de uma cura que transformou não apenas seus relacionamentos, mas toda a sua vida.

**Paulo** enfrentava problemas como ansiedade e procrastinação quando decidiu buscar minha ajuda, por meio de um treinamento particular de meditação. O treinamento de sua mente pela prática da meditação foi apenas o início de uma jornada de transformação pessoal para ele. Durante dois anos, Paulo participou de mentorias comigo, nas quais não apenas conseguiu superar a ansiedade e os ataques de pânico, mas também se libertou de uma seita que estava drenando seus recursos financeiros. Com o apoio contínuo, Paulo também conseguiu alavancar sua carreira como *cool hunter* em Paris. Ele conseguiu progredir profissionalmente e experimentar um crescimento pessoal e espiritual significativo ao longo do caminho.

* * *

O verdadeiro poder está no significado que damos às histórias que nossa mente nos conta. Muitas vezes, não é o que aconteceu, mas a interpretação que repetidamente damos aos acontecimentos é o que cria nossa dor. A boa notícia é que podemos mudar essa narrativa ao alterar o significado que atribuímos às experiências do passado, como os casos mencionados mostram. Precisamos começar a libertar nossa mente das correntes emocionais que nos aprisionam para viver de maneira mais plena e significativa.

O Método SOL oferece as ferramentas práticas para essa transformação. Ele nos instrui a enfrentar o sofrimento de frente, com ferramentas poderosas, revelando que, por trás dessa dor, há uma verdade mais profunda e bonita esperando para emergir. Em vez de ficar paralisados pelo medo ou pela dor, o método nos ensina a utilizar essas experiências como alavancas para o crescimento pessoal. Com coragem e clareza, somos conduzidos a uma vida mais autêntica e satisfatória.

## O sofrimento como catalisador de crescimento

Vivemos em um mundo onde frequentemente pintamos em nossas mentes realidades que não correspondem aos nossos verdadeiros desejos. A realidade que imaginamos pode ser muito diferente da vida que queremos. É nesse espaço de descompasso que nos perguntamos: **como gerenciar o sofrimento e, ao mesmo tempo, alcançar o crescimento**? Precisamos compreender que, para que haja crescimento, muitas vezes precisamos passar pelo sofrimento. Esta é uma verdade difícil, mas poderosa: **quanto mais profundo o sofrimento, maior pode ser o nosso crescimento.**

Quando usamos o sofrimento a nosso favor, conseguimos superar desafios que antes pareciam insuperáveis e alcançar grandes conquistas, como no caso de Laura, que usou a dor da perda da filha para evoluir e, lá na frente, conseguiu ajudar outras pessoas com seu trabalho como terapeuta. É possível encontrar forças mesmo nas situações mais sombrias. Afinal, o sofrimento tem dois lados, e certamente ao atravessarmos de um para o outro, encontraremos um caminho de luz e crescimento.

Recordo de um momento da minha vida em que eu estava viciada em crack. Eu não via futuro e minha família tinha desistido de mim. Mesmo assim, dentro de mim havia uma pequena faísca de esperança: se eu conseguisse superar o vício, algo grandioso se revelaria. Esse foi o início da minha transformação. Não foi fácil; tive que escalar montanhas e, a cada conquista, uma nova montanha surgia à minha frente. No entanto, cada passo me levava a um novo entendimento: era necessário enfrentar meu sofrimento para alcançar a paz duradoura e o sucesso gradual.

O medo de olhar para a escuridão pode nos paralisar, mas, se não o enfrentarmos, nunca conseguiremos enxergar a luz que nos aguarda. Muitas vezes, o que encontramos na escuridão são as partes mais lindas de nós mesmos. Mas é preciso coragem para atravessá-la e descobrir essas verdades.

Não raro as pessoas buscam soluções externas, como pílulas ou alívios temporários, para evitar a dor. Porém não é possível escapar do sofrimento de maneira externa; o processo de cura é 100% interno. É preciso assumir responsabilidade por tudo que nos aconteceu até agora e, mais importante, não desistir. Muitas vezes, é exatamente no momento de autojulgamento – quando nos sentimos fracassados, sem futuro ou esperança – que a transformação está prestes a acontecer.

O segredo para essa mudança está em nossa mente, que é uma ferramenta poderosa. Quando conseguimos controlá-la, podemos reprogramá-la para deixar para trás o sofrimento. É possível reconfigurar nossos pensamentos e emoções, libertando-nos das correntes que nos prendem.

Ao reconhecermos que o sofrimento é uma parte inevitável do crescimento, começamos a entender que ele pode ser uma ponte para a transformação. Por meio do Método SOL, aprendemos a enfrentar as dificuldades

**QUANDO TOMAMOS AS RÉDEAS DE NOSSAS EMOÇÕES E APRENDEMOS A COCRIAR CONSCIENTEMENTE, CONSEGUIMOS TRANSFORMAR TODAS AS ÁREAS DA NOSSA VIDA.**

ENCONTRE O EXTRAORDINÁRIO EM MEIO ÀS CICATRIZES
@fermachadooficial

com um olhar novo. As ferramentas de autoperdão, meditação, gratidão e visualização nos ajudam a navegar por nossas montanhas internas, permitindo que descubramos a força que reside dentro de nós.

A fórmula mágica que podemos aplicar em nossas vidas é simples, mas poderosa: **pensamento + sentimento + ação = resultado**. Nossos pensamentos moldam a realidade em que vivemos; quando unimos esses pensamentos a sentimentos autênticos e ações decididas, criamos espaço para resultados transformadores.

Ao utilizar o Método SOL, podemos alinhar nossos pensamentos e sentimentos às ações que realmente desejamos tomar. Quando nos permitimos sentir e enfrentar o sofrimento, abrimos as portas para o crescimento. A verdadeira mudança ocorre quando deixamos de buscar soluções externas e nos voltamos para dentro, tomando responsabilidade pelo nosso processo de cura e transformação.

Lembre-se: a caverna em que você teme entrar guarda os seus tesouros mais profundos.

CAPÍTULO 3

# A transformação por meio das escolhas e do subconsciente

"Eu nunca perco. Eu ou ganho ou aprendo."
***Nelson Mandela***[15]

**Nossa vida é moldada pelas escolhas que fazemos – escolhas** que, à primeira vista, podem parecer decisões conscientes, mas que, na verdade, estão profundamente enraizadas em nosso subconsciente. O subconsciente é um vasto reservatório de memórias, crenças e emoções acumuladas ao longo da nossa vida, e é ele quem governa a maior parte de nossos pensamentos, ações e reações. Muitas dessas escolhas, sem que percebamos, são influenciadas por programações emocionais, estabelecidas principalmente na infância. Elas atuam como filtros através dos quais enxergamos o mundo e interagimos com ele. Elas definem como nos percebemos, como interpretamos os outros e como conduzimos nossos relacionamentos e escolhas diárias.

No entanto, o Universo nos deu um presente precioso: o livre-arbítrio. Ele nos oferece, todos os dias, a oportunidade de tomar decisões conscientes e escolher como queremos viver. Mesmo assim, muitas pessoas vivem presas ao passado, achando que estão no controle, quando, na verdade, são guiadas por emoções inconscientes, repetindo padrões que, em grande parte, surgiram em momentos de dor, medo ou insegurança. A mente humana gera de 12 mil a 60 mil pensamentos por dia, e a maioria deles é simplesmente uma repetição dos pensamentos de ontem, da semana passada ou até de anos atrás.[16] Esses pensamentos condicionados se originam muitas vezes na infância, e as emoções que eles carregam, quando não processadas ou compreendidas, tornam-se forças que controlam nossas decisões. É por isso que muitas pessoas sentem que estão "andando em círculos", repetindo os mesmos erros, relacionando-se com o mesmo tipo de parceiro ou atraindo colegas e amigos que refletem padrões antigos.

---

[15] MANDELA, N. Eu nunca perco. **Pensador.** Disponível em: www.pensador.com/frase/MTk1Mzc3MA/. Acesso em: 14 jun. 2025.

[16] BURKET, J. 22 Facts about the Brain | World Brain Day. **Dent Neurologic Institute.** Disponível em: www.dentinstitute.com/22-facts-about-the-brain-world-brain-day/. Acesso em: 19 maio 2025.

Essa repetição é o resultado de viver no piloto automático, deixando que o subconsciente, programado por experiências passadas, continue governando nossas ações. As escolhas conscientes, no entanto, começam a acontecer quando assumimos responsabilidade pela nossa vida. A chave para isso é a autorreflexão. A pergunta essencial não é "por que isso está acontecendo comigo?", mas, sim, "por que isso continua se repetindo em minha vida?".

Durante o processo de autorreflexão, algumas verdades profundas virão à tona, e essas revelações nem sempre serão confortáveis, mas a mudança só é possível quando decidimos agir de modo diferente. Sem ação, sem transformação interna, os mesmos padrões continuarão a se manifestar e os resultados permanecerão inalterados.

Mesmo que pequenas mudanças temporárias ocorram em certas áreas da vida, sem uma transformação interna real essas mudanças não se sustentam. A pessoa volta ao ponto de partida, presa a crenças limitantes, incapaz de romper com o que lhe impede de crescer. É isso que acontece com a maioria das pessoas que tenta mudar sem as ferramentas adequadas, sem um caminho claro.

Mas você não está sozinho. Neste momento, você tem em mãos um guia que o ajudará a transformar sua vida de dentro para fora. O Método SOL lhe oferece as ferramentas práticas para finalmente quebrar os ciclos e caminhar em direção à verdadeira libertação.

## A programação mental na infância

A formação da nossa psique começa na infância, um período crítico em que o cérebro está em pleno desenvolvimento e é extremamente receptivo. Durante os primeiros sete anos de vida, a mente da criança opera predominantemente em estados de ondas cerebrais alfa e teta. Essas são frequências associadas à hipnose e a um estado elevado de sugestão.[17] Isso significa que, nesse período, a criança absorve informações do ambiente de modo profundo, sem a capacidade crítica de filtragem que os adultos desenvolvem com o tempo. Nessa fase, crenças, comportamentos e respostas emocionais são programados no subconsciente quase que de maneira automática.

Estudos em neurociência, como os realizados pelo dr. Bruce Lipton,[18] sugerem que o subconsciente funciona como um gravador durante esses

---

[17] DISPENZA, J. **Como criar um novo eu.** Florianópolis: Lua de Papel, 2014.

[18] GUSTAFSON, C. Bruce Lipton, PhD: The Jump from Cell Culture to Consciousness. **Integrative Medicine: A Clinician's Journal**, v. 16, n. 6, p. 44, dez. 2017.

primeiros anos de vida, capturando padrões de comportamento, reações emocionais e crenças fundamentais. O dr. Lipton argumenta que 95% da nossa vida é controlada por esses programas subconscientes, especialmente aqueles formados na infância.[19] A neuroplasticidade infantil é particularmente intensa nesse período, o que torna a infância um momento decisivo para o estabelecimento de crenças sobre si mesmo e sobre o mundo ao redor.

Os pais, os cuidadores e o ambiente em que a criança cresce desempenham um papel crucial na formação dessas crenças. A maneira como os pais interagem, suas reações emocionais e o estilo de comunicação que utilizam deixam impressões profundas na mente da criança. Por exemplo, uma criança que cresce em um ambiente onde prevalece rejeição, crítica ou falta de afeto tende a internalizar crenças de inadequação e insegurança. Por outro lado, se crescer em um ambiente que promove amor, aceitação e segurança emocional, ela decerto desenvolverá uma autoimagem positiva e confiante.

Como dissemos, dos 3 aos 7 anos a criança é como uma esponja, absorvendo as emoções e experiências ao seu redor sem questioná-las. A questão é que essas experiências emocionais não processadas podem ter um impacto profundo em nossa saúde física e mental ao longo da vida. Por exemplo, um estudo de 1998 sobre Experiências Adversas na Infância (ACE, na sigla em inglês) revelou que crianças expostas a traumas emocionais crônicos têm um risco significativamente maior de desenvolver, na vida adulta, problemas de saúde como doenças cardíacas, diabetes e depressão.[20] Isso ocorre, em parte, porque o corpo, ao ser submetido repetidamente a situações de estresse emocional, ativa a produção de cortisol e adrenalina, hormônios que, quando em níveis elevados por longos períodos, podem enfraquecer o sistema imunológico e aumentar a inflamação no corpo.

No entanto, pesquisas recentes em epigenética, como as do dr. Joe Dispenza, indicam que é possível reprogramar crenças limitantes e padrões emocionais negativos por meio da prática consciente de novas atitudes mentais e emocionais.[21] Pessoas que aprendem a gerenciar seus estados emocionais e que se dedicam a práticas como meditação, visualização e

---

[19] SUBCONSCIOUS Mind: Shaping Children's Success. **Parenta**, 20 ago. 2024. Disponível em: www.parenta.com/2024/08/20/subconscious-mind/. Acesso em: 14 jun. 2025.

[20] FELITTI, V. J. *et al.* Relationship of Childhood Abuse and Household Dysfunction to Many of the Leading Causes of Death in Adults. **American Journal of Preventive Medicine**, v. 14, n. 4, p. 245-258, 1998.

[21] DISPENZA, J. Believing, Behaving, Becoming. **Unlimited Dr. Joe Dispenza**, 11 fev. 2022. Disponível em: https://drjoedispenza.com/dr-joes-blog/believing-behaving-becoming. Acesso em: 24 maio 2025.

gratidão conseguem não só alterar seus padrões subconscientes, mas também influenciar a expressão dos seus genes. Isso significa que a genética não é um destino imutável; as escolhas emocionais e mentais que fazemos ao longo da vida têm o poder de reescrever nossos códigos biológicos.

A maneira como interpretamos e processamos nossas primeiras experiências de vida tem um impacto duradouro em quem nos tornamos. Compreender esses padrões e aprender a reprogramá-los é fundamental para qualquer processo de desenvolvimento pessoal e de cura emocional. Ao tomar consciência dessas influências e optar por mudar comportamentos e pensamentos, começamos a transformar profundamente a nossa vida.

## A inteligência emocional: o caminho para a cura

A inteligência emocional é a chave para quebrar ciclos antigos e criar uma vida mais consciente e plena. Trata-se da habilidade de identificar, entender e processar emoções de modo que possamos nos libertar das respostas automáticas que muitas vezes governam nossas vidas. Quando não desenvolvemos essa capacidade, nos tornamos reféns de padrões emocionais que se repetem, reações inconscientes que remontam aos primeiros anos da infância. Esses padrões, ao longo do tempo, se solidificam e se tornam os blocos invisíveis que sabotam nosso sucesso, nossa felicidade e nossa realização pessoal.

Reconhecer esses padrões é o primeiro e mais importante passo no caminho da cura. Não se trata apenas de entender racionalmente que estamos reagindo ao passado, mas de sentir profundamente essa verdade e compreender que as emoções que vivenciamos hoje são, muitas vezes, ecos de velhas feridas. A inteligência emocional entra exatamente neste ponto: é a habilidade de estar presente com nossas emoções sem se perder nelas e de processá-las de uma maneira que possamos transformá-las em ferramentas de crescimento, em vez de obstáculos.

### Quebrando padrões e reprogramando a mente

Modificar padrões emocionais profundamente enraizados exige mais do que apenas vontade consciente. As emoções que carregamos há muito tempo não apenas moldaram nossa mente, como também condicionaram nosso corpo. Quando passamos anos ou décadas experimentando emoções como tristeza, raiva, medo ou culpa, essas emoções se tornam uma parte tão intrínseca de quem somos que resistir a elas é como lutar contra uma força invisível. O corpo, acostumado com a química dessas emoções, cria uma dependência; uma necessidade de recriar essas sensações para se sentir "normal". Essa é uma das razões pelas quais a mudança emocional é tão desafiadora: o corpo se tornou programado para repetir o passado.

Pesquisas em neurociência, como as do dr. Joe Dispenza, mostram que nossas emoções, quando repetidas constantemente, ativam circuitos específicos no cérebro e, por fim, reprogramam nossas células para exigir essas mesmas emoções.[22] Mudar esse ciclo é uma tarefa complexa pois envolve tanto a mente quanto o corpo. Por exemplo, alguém que viveu na tristeza por anos pode tentar adotar novos pensamentos ou comportamentos, mas seu corpo enviará sinais à mente para retornar ao estado familiar de tristeza, criando sensações de desconforto ou sabotando o processo de mudança.

É neste ponto que a verdadeira transformação emocional começa a acontecer: quando persistimos na nova escolha, mesmo diante da resistência interna, começamos a reescrever nossa história emocional. Esse processo pode ser doloroso, pois envolve não apenas confrontar as emoções reprimidas, como também desaprender a dependência química que essas emoções criaram no corpo. Cada vez que escolhemos um novo pensamento, um novo comportamento, estamos literalmente criando novas conexões neurais e reprogramando nosso cérebro.

A dor emocional é frequentemente o catalisador para a mudança profunda. Nos momentos em que somos confrontados com nossas sombras, nossas inseguranças e nossos padrões mais destrutivos, temos a oportunidade de crescer. Esse sofrimento, por mais desconfortável que seja, é muitas vezes o convite para a transformação. A resistência que sentimos é parte do processo, mas, cada vez que a superamos, estamos mais próximos de uma nova realidade interna.

A transformação não é um caminho linear, e é comum encontrarmos altos e baixos ao longo da jornada. A inteligência emocional nos permite navegar por esses desafios com mais compaixão e clareza, entendendo que cada dificuldade é uma oportunidade de evolução. Quando somos capazes de processar nossas emoções com consciência, deixamos de ser vítimas do passado e nos tornamos criadores do nosso futuro.

A capacidade de transformar padrões arraigados de sofrimento em novas oportunidades de cura, crescimento e liberdade é o verdadeiro poder da inteligência emocional.

---

[22] DISPENZA, J. **Como aumentar a capacidade do seu cérebro.** Porto Alegre: Citadel, 2023.

## A JORNADA PESSOAL:

## MEU CASO DE TRANSFORMAÇÃO

Permita-me compartilhar um exemplo pessoal de como esses padrões podem moldar nossa realidade e como enfrentá-los pode transformar nossa vida. Quando inaugurei minha loja, aos 34 anos, tudo parecia apontar para o sucesso. Localizada em uma das ruas mais caras do mundo, rodeada por marcas renomadas como Chanel e Louis Vuitton, a loja era o ápice do meu sonho. Tudo estava perfeitamente alinhado: o arquiteto renomado, as marcas de prestígio, a equipe formada por profissionais talentosos.

No entanto, dentro das paredes da loja, surgiu o verdadeiro desafio. As palavras de meu ex-marido, "Nada está bom para você!" e "As pessoas têm medo de você!", ecoavam no comportamento de quase todos os funcionários. Embora eu fosse excelente em atrair clientes, minhas inseguranças internas – originadas de padrões de comportamento que eu carregava desde a infância – começaram a destruir tudo o que construí.

Eu me vi tentando controlar todos os aspectos do negócio, incapaz de confiar em minha equipe, o que resultou em perdas significativas e, por fim, no fechamento da loja. Perdi mais de 2 milhões de euros. Esse fracasso, no entanto, tornou-se minha maior bênção. Ele me forçou a confrontar as crenças e emoções que vinham sabotando minha vida por anos e que causaram meu divórcio, prejuízo financeiro e comportamentos viciantes tanto em substâncias químicas quanto em compras.

## A importância da reprogramação mental

Meu processo de cura não foi fácil. Mas assim que me permiti sentir as emoções, reconhecer os padrões e trabalhar para quebrá-los, consegui não apenas me livrar dos vícios e curar minha autoestima, mas também encontrar um propósito maior ao ajudar outras pessoas a superarem suas próprias feridas emocionais.

Uma parte fundamental desse processo é a reprogramação mental, que pode ser alcançada por meio de diversas ferramentas e técnicas. A reprogramação mental é um esforço consciente para substituir padrões de pensamentos e crenças limitantes por novos hábitos mentais e emocionais que promovem o bem-estar e o sucesso. Isso é essencial porque a mente humana tem a capacidade de mudar e adaptar-se ao longo da vida, desde que utilizemos as ferramentas certas.

Vamos falar melhor dessas ferramentas no capítulo 4, mas o que é realmente importante que você saiba desde já é que **a transformação é possível. O sofrimento não é um estado permanente.** Ele é resultado de uma mente condicionada a reviver o passado. Mas, ao tomar consciência disso e utilizar o Método SOL, que é composto dessas ferramentas, podemos escolher um novo caminho. Podemos reprogramar nossa mente, transformar nossas emoções e criar uma nova realidade.

Você não está preso ao que aconteceu no passado. O poder de mudar está em suas mãos. A jornada para a transformação começa com a decisão de sentir, enfrentar e, finalmente, libertar-se. Nos próximos capítulos, vamos explorar cada ferramenta do Método SOL com profundidade. Você aprenderá a aplicar a meditação para encontrar clareza, a usar a autossugestão para fortalecer sua autoimagem, a praticar o autoperdão para se libertar de culpas passadas, a cultivar a gratidão para sintonizar-se com a frequência que atrai seus sonhos e a visualizar seu sucesso para criar uma realidade que ressoe com seus desejos mais profundos.

Talvez você já tenha tentado aplicar algumas dessas ferramentas em sua vida, mas, no Método SOL, aplicamos cada uma delas com um objetivo especial: nos curar profundamente para acessar nosso propósito de vida. Vamos, juntos, explorar o poder transformador do Método SOL e como ele pode ajudar você a criar a vida que sempre sonhou.

CAPÍTULO 4

# Escolhendo uma vida melhor

"Entre o estímulo e a resposta, há um espaço. Nesse espaço está o nosso poder de escolher nossa resposta. E na nossa resposta está o nosso crescimento e a nossa liberdade."

***Stephen R. Covey***[23]

**Agora eu quero falar algo muito importante para você. Sim,** você, que está lendo estas palavras e sente que algo aí dentro ainda precisa ser curado ou realizado. O Método SOL não é apenas uma técnica; ele é um convite para que você se permita olhar para a sua dor, para que você reconheça que ela está aí por um motivo. Não estou dizendo que você precisa reviver suas feridas. O que estou propondo é que, em vez de fugir da dor, você dê a ela o que ela pede: atenção. O sofrimento, muitas vezes, é visto como um inimigo, algo que tentamos evitar a todo custo, mas a verdade é que ele pode ser seu maior professor. E, não, você não precisa entender de onde essa urgência vem, porque ela já é válida apenas por existir. Ela é sua criança interior, pedindo para ser vista e acolhida.

## O poder de reconhecer o que dói

Você já parou para pensar que é justamente a dor que você tenta evitar que está bloqueando a sua transformação? Eu sei, é difícil olhar para o que nos incomoda, para o que nos machuca. Mas, enquanto você não fizer isso, estará preso a velhos padrões, revivendo os mesmos sentimentos, repetindo as mesmas histórias. É aqui que entra o Método SOL, e não para fazer mágica ou prometer uma vida sem sofrimento. Ao contrário, ele é uma ferramenta para ajudá-lo a mudar a maneira como você vê e vive o seu sofrimento. Reconhecer o que dói é o primeiro passo para conquistar a verdadeira liberdade.

Quando você encara sua dor de frente, ela perde o poder de controlar sua vida. Pouco a pouco, você começa a perceber que cada dor carrega uma lição, revela forças ocultas, ensina resiliência e mostra uma capacidade de superação que talvez você nem soubesse que tinha. O poder verdadeiro está em conhecer a si mesmo, incluindo suas fraquezas e forças.

---

[23] COVEN, S. R. Foreword. *In*: PATTAKOS, A. **Prisioners of our Thoughts**. Oakland: Berrett-Koehler Publishers, 2010.

Quando temos coragem de enfrentar o que nos machuca, alcançamos uma liberdade profunda e inabalável. Nos tornamos mais forte pois, ao enxergarmos nossas vulnerabilidades, também reconhecemos o potencial ilimitado que reside dentro de nós.

Essa jornada de autoconhecimento transforma não apenas nossas percepções sobre o sofrimento, mas também a maneira como nos relacionamos com o mundo. Ao tomar coragem para olhar para dentro e aceitar nossa dor, descobrimos que ela não precisa ser um fardo; ela pode ser um mestre. E quando integramos essa verdade ao Método SOL, percebemos que o sofrimento não é um obstáculo, mas uma oportunidade para crescimento e uma fonte de liberdade verdadeira.

Se você se der a chance de olhar para si mesmo com compaixão, verá que o sofrimento não é o fim. Ele é o início da sua jornada de cura. Talvez você tenha passado a vida inteira tentando agradar aos outros, sacrificando-se para ser aceito, amado. Talvez você carregue a crença de que precisa ser forte o tempo todo, que não pode demonstrar vulnerabilidade. E eu entendo. Mas quero que você saiba que, **ao enfrentar suas emoções mais profundas, você desbloqueia a força interior que sempre esteve aí.** Você merece se libertar, e o Método SOL serve exatamente para que você **se liberte dos padrões que o aprisionam.**

Não se trata de eliminar a dor, mas de iluminar o caminho que ela mostra. Ao fazer isso, você começa a criar uma nova narrativa para a sua vida. Se você chegou até aqui, é porque alguma parte sua sente que precisa de cura. Talvez seja uma dor que você carrega há muito tempo, algo que parece não ter solução. Eu sei como isso pode ser exaustivo, mas quero que você saiba: **há uma saída**, e ela começa quando você olha para dentro de si.

O Método SOL o ajuda a reconhecer quem você é além das feridas, a acessar sua força interior e a despertar para um novo jeito de viver: mais leve, mais livre, mais alinhado com a sua alma. Ele é uma resposta verdadeira, construída com base em práticas que promovem uma cura genuína e profunda. Desenvolvi esse método porque, em meio ao sofrimento, eu não aguentava mais ficar na dor. Esse método foi criado para que você possa se reconectar com a sua essência e finalmente se libertar das correntes invisíveis que o prendem a velhos padrões.

## Ferramentas do Método SOL

Para auxiliar você nessa linda jornada de autodescoberta rumo à cicatrização de suas feridas, desenvolvi algumas ferramentas essenciais para serem usadas no Método SOL. Vamos falar com mais profundidade sobre cada uma à frente, porém vou apresentá-las a você a seguir, para que comecemos a montar a base da sua cura.

## Reconhecimento da criança interior

O primeiro passo do Método SOL é o encontro com a criança interior, aquele pedaço do nosso ser que ainda carrega a pureza, a sensibilidade e também as dores do passado.

O encontro com a criança interior é um passo sagrado do Método SOL. Ele nos convida a olhar para dentro com coragem e compaixão. Não para culpar o passado, mas para libertar-se dele, porque enquanto ignorarmos essa parte de nós, continuaremos reagindo à vida com base nas dores não curadas de ontem.

A criança interior não precisa ser consertada, ela precisa ser vista. Quando você se permite reencontrá-la – por meio da visualização, do diálogo interno, da escrita terapêutica ou da meditação – algo mágico acontece: você começa a compreender suas emoções de hoje com mais gentileza. Percebe que muitos dos seus sabotadores, das suas inseguranças e dos seus bloqueios não são fraquezas, mas gritos silenciosos da sua criança pedindo acolhimento.

Nesse reencontro, você aprende a se tornar o adulto de quem ela sempre precisou. Um adulto que a protege, que a valoriza e que diz: "Você não está mais sozinha. Eu estou aqui com você". Integrar a criança interior é desenvolver sua inteireza. É tomar posse da própria história com amor. É curar a raiz para florescer no presente. É permitir que a luz volte a brilhar onde antes havia apenas dor. Quando você se reconecta com essa criança, todo o resto começa a mudar. A rigidez cede espaço à leveza. O medo é suavizado pelo afeto. A vida, finalmente, pode ser vivida com mais verdade e liberdade.

## Autoperdão e perdão aos familiares

O segundo passo da sua transformação é o perdão. Perdoar a si mesmo e àqueles que o machucaram não é um ato de fraqueza, mas de força. Carregar ressentimento é como carregar uma mochila pesada pelas montanhas da vida. Ela esgota sua energia, rouba sua paz e o impede de seguir em frente.

O Método SOL convida você a soltar esse fardo, começando pelo autoperdão. Quantas vezes você já se culpou pelo que aconteceu no passado? Eu entendo, isso acontece com todos nós. Mas, ao se perdoar, você começa a se libertar dessa carga.

Em seguida, o perdão aos familiares ou às pessoas que desempenharam um papel crucial em sua dor. Não estou dizendo que você deve esquecer o que aconteceu, e sim que deve liberar o peso que isso traz para o seu coração. Quando perdoamos, **assumimos o controle das nossas próprias emoções e respostas**, em vez de permitir que as ações dos outros ditem nossa vida. Isso nos capacita a deixar o papel de vítima e a acessar uma nova força interior.

O perdão é libertador e, sem ele, você continuará preso a velhas histórias. Pesquisas científicas mostram que o perdão pode levar a uma redução significativa do estresse, da ansiedade e da depressão e, por consequência, quem perdoa logo vê em si melhoras na saúde física, como diminuição da pressão arterial e fortalecimento do sistema imunológico.[24]

Ao perdoar, você não apenas libera a si mesmo do peso emocional, mas também permite que seu corpo comece a curar. O perdão incentiva o crescimento pessoal, promovendo empatia, compaixão e compreensão.

## A imagem do vencedor

A imagem do vencedor é um mergulho profundo na sua autoestima, é a chave que abre portas que, até agora, pareciam trancadas para você. Neste passo, você vai descobrir ferramentas para reconstruir a forma como se vê, libertando-se das distorções criadas por críticas, comparações e histórias do passado. Ao fortalecer sua autoimagem, você desperta uma força silenciosa e poderosa que influencia cada escolha, cada relacionamento e cada resultado que atrai. Quando começa a se enxergar como vencedor, passa a agir como tal... e o mundo responde.

## Meditação

Você deve estar se perguntando: "Como posso meditar se minha mente está cheia de preocupações e ansiedades?". Eu entendo, e é por isso que a meditação faz parte do Método SOL. Ela não é a prática de desligar os pensamentos, mas de encontrar um espaço de paz no meio do caos. Por meio da meditação, você aprenderá a acalmar a sua mente e a observar seus pensamentos sem se deixar ser consumido por eles.

Pesquisas demonstram que a meditação regular pode levar a mudanças significativas na estrutura do cérebro, aumentando a densidade da matéria

---

[24] O PODER do perdão e a importância de desenvolvê-lo desde a infância. **Ame sua mente**, 2023. Disponível em: www.amesuamente.org.br/blog/o-poder-do-perdao-e-a-importancia-de-desenvolve-lo-desde-a-infancia. Acesso em: 24 maio 2025.

cinzenta nas áreas responsáveis pela regulação emocional e pela autoafirmação. Ela também é um hábito regularmente associado à redução do estresse e à melhora da atenção e da concentração, criando um espaço mais claro para a cura e o crescimento.[25]

Além disso, meditar é como preparar o terreno para plantar as sementes dos nossos sonhos. Ao praticar a meditação, você cria um solo fértil dentro de si mesmo, onde seus sonhos podem crescer com força e saúde. Este espaço interno, livre das interferências de pensamentos caóticos, permite que suas intenções e desejos ganhem forma. Como um jardim bem cuidado, o terreno que você cultiva por meio da meditação favorece o florescimento de tudo o que você busca realizar.

## Gratidão

A gratidão é o que transforma a sua perspectiva sobre o que você vive. No Método SOL, **praticar a gratidão** não é só agradecer pelo que você já tem, mas também reconhecer o crescimento que cada experiência de vida – boa ou ruim – trouxe para você. Por meio da gratidão, você muda o foco da falta e da dor para a abundância e a evolução. E mais: a prática regular da gratidão, assim como da meditação, pode aumentar a sensação de bem-estar, reduzir o estresse e até melhorar a qualidade do sono.[26] Quando você expressa gratidão, ativa áreas do cérebro que promovem emoções positivas, o que pode levar a uma perspectiva de vida mais otimista e equilibrada.

## Autossugestões a afirmações positivas

Depois de perdoar, é hora de **mudar a narrativa** que você tem contado para si mesmo. As autossugestões são um instrumento poderoso no Método SOL. Pense nelas como pequenas sementes de cura que você planta em sua mente todos os dias. Se você tem repetido para si mesmo que não é bom o suficiente, que não merece a felicidade, essas crenças se tornam sua realidade.

Com as autossugestões, você aprende a substituir pensamentos negativos por afirmações que cultivam sua autoconfiança e amor-próprio. Vou guiá-lo em como fazer isso, passo a passo, para que você veja resultados

---

[25] GUPTA, S. What Happens to Your Brain When You Meditate Every Day? **Verywell Mind**, 4 jun. 2024. Disponível em: www.verywellmind.com/what-meditating-every-day-does-to-your-brain-8656065. Acesso em: 24 maio 2025.

[26] TRAVERS, M. Por que praticar a gratidão é indispensável, segundo a neurociência. **Forbes**, 26 maio 2024. Disponível em: https://forbes.com.br/forbessaude/2024/05/por-que-praticar-a-gratidao-e-indispensavel-segundo-a-neurociencia/. Acesso em: 24 maio 2025.

reais. Sua mente é sua ferramenta mais poderosa, e as autossugestões vão reprogramá-la para trabalhar a seu favor.

A prática de autossugestões não é apenas uma técnica de motivação; ela é apoiada pela neurociência. Estudos mostram que a repetição de afirmações positivas pode **modificar conexões neurais** no cérebro, levando a uma melhora na autoimagem e no comportamento.[27] Isso significa que, ao afirmar seu valor e suas capacidades, você pode literalmente mudar a maneira como seu cérebro funciona.

### Visualização do novo eu

Por fim, o poder da **visualização** é um componente crucial do Método SOL. Tudo o que você deseja alcançar pode primeiro ver em sua mente. A visualização ajuda você a criar uma imagem clara de quem você quer se tornar. Ao visualizar, você começa a moldar seu futuro, um futuro no qual a dor não o define, pois o que o definirá é a força que você adquiriu ao superá-la. A visualização é mais do que uma ferramenta de motivação; visualizar o sucesso pode **aumentar sua performance** em diversas áreas, desde esportes até metas pessoais. Quando você se vê alcançando seus objetivos, está criando uma poderosa conexão entre sua mente e suas ações, facilitando a realização dos seus desejos.

## O caso de Conceição

Conceição vendia água no semáforo, em uma das avenidas mais movimentadas de São Paulo. A cada parada de carro, ela batalhava por um pouco de dignidade em meio à vida difícil. Cansada e sem esperança, ela estava quase aceitando que o futuro seria uma continuação dos dias difíceis com os quais ela já estava familiarizada. Até que nos conhecemos e, pela primeira vez em muito tempo, ela vislumbrou uma nova possibilidade. Ao começar a aplicar as ferramentas do Método SOL, Conceição percebeu que pequenos milagres começaram a surgir, quase que discretamente, na sua vida.

No início, as mudanças foram sutis: suas vendas começaram a aumentar. Depois, veio a surpresa de conseguir um novo emprego, algo que ela nunca imaginou ser possível. Mas a virada real começou quando a filha, com quem ela tinha uma relação de altos e baixos, a surpreendeu com um convite para viajar a Roma e Lisboa. Essa viagem era o sonho de Conceição,

---

[27] KOOSIS, L. The Science of Affirmations: The Brain's Response to Positive Thinking. **MentalHealth.com**, 25 jun. 2024. Disponível em: www.mentalhealth.com/tools/science-of-affirmations. Acesso em: 15 jun. 2025.

um sonho que, por muitos anos, parecia inalcançável. Sua transformação não parou por aí. Seu filho, que estava morando em Lisboa, descobriu que Conceição poderia requerer a cidadania portuguesa. Isso parecia um processo distante e demorado, algo que Conceição jamais acreditaria ser possível em outra época da sua vida.

Mas algo diferente havia mudado dentro dela. Ao aplicar os princípios do autoperdão e do perdão ao passado, ela começou a soltar as mágoas e o peso de tantas crenças limitantes que carregava. Com suas novas afirmações positivas, ela começou a acreditar em si mesma e no seu valor. As meditações diárias a ajudaram a acalmar a mente, abrindo espaço para novos pensamentos e para o foco em seus objetivos. A gratidão, que ela começou a praticar diariamente, tornou-se uma âncora em sua vida, e ela aprendeu a agradecer não só pelas coisas boas, mas até pelos desafios que a fizeram crescer. Com todas essas ferramentas em ação, ela percebeu que sua capacidade de visualização aumentava. Pela primeira vez, Conceição conseguiu se ver realizando seus maiores sonhos, sem aquela voz interior sabotadora dizendo que "não era para ela".

Em menos de um ano, o que parecia impossível se tornou realidade: Conceição teve sua cidadania portuguesa aprovada, com todos os papéis em ordem. Hoje, ela é cidadã europeia, mas, mais importante que isso, é a comandante da própria vida. Se Conceição não tivesse transformado sua realidade com o poder das ferramentas do Método SOL, jamais teria se permitido acreditar em sua capacidade de manifestar a vida com que sempre sonhou. Afinal, antes de usar o método, suas crenças limitantes a faziam acreditar que sonhar alto não era para ela.

Conceição é a prova viva de que, quando você começa a perdoar, a meditar, a agradecer e a visualizar, pequenos milagres se alinham em sua vida. Ela não só conquistou seus sonhos, mas também se tornou uma versão melhor de si mesma.

Ao olhar para a vida de Conceição, você percebe que a verdadeira transformação começa quando nos permitimos confrontar nossas crenças limitantes e abraçar o poder das ferramentas do Método SOL.

* * *

Agora, quero que você imagine os seguintes cenários para sua própria vida. Feche os olhos por um momento e reflita: como seria continuar vivendo com suas crenças limitantes e como seria se você permitisse que o Método SOL transformasse completamente sua realidade?

## Cenário 1: A vida imutável

Feche os olhos por um momento e imagine sua vida como ela é hoje, imersa nas mesmas crenças limitantes que o têm impedido de avançar. Você pode sentir o peso da insegurança, da ansiedade e da dúvida pairando sobre si como uma nuvem escura. As oportunidades que almeja, os sonhos que deseja realizar, parecem sempre fora de alcance. A rotina diária se torna uma prisão, e cada dia se assemelha ao anterior.

Se você continuar nessa inércia, o que acontecerá? As consequências são dolorosas. As mesmas barreiras emocionais que hoje o limitam vão se transformar em muros ainda mais altos. Você pode se ver preso em um emprego que não traz satisfação, lutando para fazer o que ama, mas se sentindo incapaz de dar o primeiro passo. Relações pessoais podem se deteriorar, pois você se sentirá mais isolado, incapaz de se conectar plenamente com aqueles que ama. A vida se torna uma sequência de "e se", levando à frustração e ao arrependimento. E, assim, a esperança se esvai, como água que escorre entre os dedos, enquanto você se pergunta se a felicidade um dia será sua.

## Cenário 2: A transformação com o Método SOL

Agora, respire fundo e visualize um futuro diferente, um futuro em que você se permitiu transformar sua realidade por meio do Método SOL. Imagine que, assim como Conceição, você decidiu olhar para suas feridas e reconhecer o poder do perdão e da gratidão. Você começa a usar a prática do autoperdão, liberando as amarras emocionais que o prendiam ao passado. Cada afirmação positiva que você faz se torna um tijolo na construção de uma nova vida.

Neste novo cenário, você se vê acordando a cada dia com um senso renovado de propósito. As meditações diárias não só trazem paz, mas também clareza. Você percebe que os desafios que antes pareciam intransponíveis são, na verdade, oportunidades para crescer. As portas que antes estavam fechadas começam a se abrir. Novos relacionamentos florescem, pois agora você está mais aberto e receptivo. Você se sente confiante e capaz de dizer "não" quando necessário, estabelecendo limites saudáveis em sua vida.

A gratidão se torna uma parte essencial do seu dia, fazendo você reconhecer as pequenas bênçãos que a vida oferece. Você começa a manifestar seus sonhos com a mesma determinação que Conceição teve ao lutar por sua cidadania portuguesa. Cada visualização se transforma em uma realidade palpável, e você percebe que merece tudo isso.

* * *

**Agora, a escolha está em suas mãos.** Você pode permanecer no primeiro cenário, deixando as crenças limitantes definirem sua vida, ou pode dar o passo corajoso de embarcar na sua jornada de autodescoberta com o Método SOL. Não deixe que o medo do desconhecido o impeça de se tornar a melhor versão de si mesmo. Assim como Conceição e outras alunas que também transformaram a própria vida com o que você está prestes a descobrir neste livro, você também pode despertar sua força interior e transformar sua vida de maneira extraordinária.

Lembre-se: a mudança começa quando você decide que já é hora de viver a vida que merece. O Método SOL está aqui para guiá-lo nessa jornada de autotransformação. O primeiro passo é acreditar que você pode!

CAPÍTULO 5

# Pare de fugir da dor

A verdadeira transformação acontece quando paramos de fugir da dor e escolhemos enxergá-la como um mestre, não como uma prisão.
***Método SOL: Sofrimento Obrigatório Liberta***

**A vida começa com sofrimento. O bebê nasce chorando, sen**tindo pela primeira vez a dor de respirar sozinho, como se seus pulmões fossem explodir. Assim também acontece com a borboleta, que, para sair do casulo e alçar voo, enfrenta uma luta árdua e transformadora. E assim é a jornada do ser humano: da infância à velhice, o sofrimento é o que nos molda, nos ensina e nos impulsiona.

Já parou para pensar que as melhores coisas que já aconteceram em sua vida nasceram de algum tipo de dor? A casa própria é o fruto de incontáveis horas de trabalho árduo. Um relacionamento estável vem após dúvidas, inseguranças e ajustes dolorosos no início.

Tudo na vida passa por uma metamorfose antes de alcançar o verdadeiro potencial. E você não é diferente. Por trás do sofrimento, estão os seus sonhos esperando para se manifestarem. É neste processo que reside a beleza da vida: a dor que nos prepara para desfrutar de nossas maiores realizações.

Ao longo da minha própria jornada, percebi que os momentos em que tudo parecia desmoronar eram, na verdade, os prenúncios de grandes mudanças. Aos 16 anos, enfrentei um vício que quase destruiu a minha vida; aos 19, tive que abandonar minha cidade e recomeçar em outro estado; aos 20, me mudei para o exterior; aos 30, me divorciei; aos 34, enfrentei a falência; e, aos 35, comecei uma nova carreira. Aos 43, publiquei meu primeiro livro.

No auge do sofrimento, encontrei forças para recomeçar e transformei minha dor em propósito. O mesmo aconteceu no nascimento das minhas filhas: a dor insuportável do parto trouxe a maior alegria que a vida pode oferecer.

E você? Já esteve em uma situação em que se perguntou: "Como vou me refazer?". Essa é uma pergunta que surge nas crises, seja no término de um relacionamento ou na falência de um negócio. Parece que a vida tirou tudo de nós, mas é nesse caos que encontramos nossa força mais autêntica. Assim como a natureza se renova após a tempestade, também temos dentro de nós a capacidade de renascer.

O sofrimento, por mais insuportável que pareça, é o alicerce para o capítulo seguinte de nossas vidas. Ele nos prepara para alcançar o que o destino guarda para nós. Mas é preciso coragem para encarar a jornada e continuar, mesmo quando tudo parece perdido.

Muitos dizem que o sofrimento é mental. Eu acredito que ele também seja emocional. Nossa mente clama por paz, mas o coração, carregado de dor, muitas vezes não consegue acompanhá-la. É quando o coração atinge o limite de sua capacidade que a transformação acontece. Libertamo-nos das crenças que nos aprisionam: o medo de não ser bom o suficiente, o medo de ficar sozinho, o medo do fracasso.

Quando ultrapassamos a dor, entendemos que fomos nós mesmos que criamos a prisão mental que chamávamos de realidade. A realidade nada mais é do que a manifestação das crenças limitantes que formaram a nossa personalidade.

## O sofrimento é inevitável?

Eu acredito que sim. Cada etapa da vida traz novos desafios e dores, mas também nos oferece oportunidades de crescimento.

O Método SOL surge como uma abordagem inovadora e transformadora, cujo alicerce central é algo que a maioria de nós tenta evitar: o sofrimento. A verdade é que, em nossa sociedade, fomos condicionados a acreditar que o sofrimento é algo que deve ser ignorado, evitado ou suprimido. No entanto, é justamente o contrário: o sofrimento, quando acolhido e compreendido, se torna a chave que abre as portas para a autotransformação.

O sofrimento, na maioria das vezes, é uma interpretação errada da vida. Muitas das dores que carregamos se originaram na infância e, por mais simples que tenham sido, foram interpretadas como ameaças. Algo tão comum quanto aprender a dormir sozinho, depois de anos dormindo com os pais, pode ter sido registrado pelo subconsciente como uma experiência de perigo. **Nessas horas, o subconsciente grava a dor do sofrimento em qualquer coisa que possa parecer uma ameaça, por menor que seja.**

Quando passamos por dificuldades na vida adulta, como um divórcio, um luto, uma doença, uma perda financeira ou uma separação, o subconsciente traz de volta aquela mesma sensação de vulnerabilidade e abandono que sentimos quando éramos crianças. Reagimos ao sofrimento de agora com o mesmo medo de anos atrás, interpretando inconscientemente esses momentos como punições ou castigos.

É simples perceber o quanto a compreensão do sofrimento transforma nossa história. Ao enxergarmos que, em muitos casos, o sofrimento é apenas uma história que contamos a nós mesmos, sem consciência do estrago que causamos em nossa própria vida, começamos a reescrever essa narrativa. **Quando mudamos a forma como olhamos para o sofrimento, ele perde o poder sobre nós.** Nesse processo, encontramos uma liberdade renovada, uma leveza que nos mostra que o sofrimento, muitas vezes, é apenas uma sombra de antigas crenças e interpretações.

Assim, para você começar a usar as ferramentas do Método SOL, precisa passar por uma etapa simples, mas poderosa: **reconhecer a dor.** Esse reconhecimento não significa se afogar nas feridas ou revivê-las constantemente, mas sim ver o sofrimento como um chamado para o crescimento. A urgência de acolher essas partes não resolvidas de nós mesmos não precisa de uma causa específica para ser válida. Ela apenas pede atenção, pede espaço para existir, e é isso que desbloqueia o início da cura.

Você pode achar que não é essencial reconhecer sua dor por completo, mas eu peço que pare e pense: quantas vezes você já fugiu do sofrimento? Já sentiu medo de falhar, ansiedade por não ser aceito ou teve aquela sensação de que não estava vivendo a vida em todo o seu potencial? Saiba que esses sentimentos são uma maneira do seu eu interior pedir ajuda. Ignorar ou tentar mascarar essas emoções cria uma barreira invisível que o afasta da verdadeira felicidade.

**A transformação começa quando paramos de fugir.** Em vez de fugir dessas emoções, o Método SOL convida você a enfrentá-las, permitindo-se vivenciar plenamente cada sentimento. O sofrimento que você sente não está aí para puni-lo, mas para ensiná-lo. Cada obstáculo que surge em sua vida carrega uma lição valiosa e, ao aceitar isso, você começa a criar uma nova narrativa para a sua história.

Imagine que, em vez de ver a dor como algo a ser evitado, você começasse a vê-la como um guia; uma oportunidade de crescimento. Você precisa olhar para si mesmo com clareza e compaixão. Só assim poderá seguir a jornada da cura.

Ao aplicar o Método SOL, você vai perceber mudanças profundas em sua percepção da vida. Não se trata de resolver o sofrimento do momento, **mas de mudar a maneira como você enxerga o mundo e a si mesmo.** Muitas vezes, as crenças que limitam seu potencial foram formadas na infância e, por meio do Método SOL, você aprenderá a identificá-las e transformá-las.

Se você foi uma criança que cresceu acreditando que precisava agradar a todos para ser amada, essa crença pode ter se refletido em sua vida adulta, em suas relações e até mesmo em suas escolhas profissionais. Mas o que aconteceria se você pudesse voltar a essa cena de sua infância, olhar para o sofrimento com novos olhos e criar uma nova interpretação para ele ou até mesmo colocar a dor para fora, agora com um choro consciente, chorando até não ter mais lágrimas? Esse é o poder de uma nova narrativa.

O Método SOL ensina que, ao mudar o modo como você conta sua história, você também muda o modo como vive. Quando você deixa de se ver como vítima dos eventos do passado e assume o papel de autor da sua trajetória de cura, a transformação acontece de maneira natural e profunda. O sofrimento, antes visto como algo que o aprisionava, torna-se o ponto de partida para a sua libertação.

## A transformação de Camila: do bloqueio ao sucesso

Camila tinha o que muitas pessoas considerariam uma vida perfeita: estava casada havia mais de dez anos com um marido que a amava, sua família era unida e sua vida pessoal estava em ordem. No entanto, quando o assunto era sua carreira, algo sempre parecia fora do lugar. Ela trabalhava muito, mas não conseguia alcançar o sucesso que tanto almejava. Por mais que fosse realizada no casamento, profissionalmente sentia-se presa, limitada. Essa falta de progresso a incomodava profundamente, trazendo um sentimento de frustração e dúvida sobre seu próprio valor.

Foi nesse momento de incerteza que Camila conheceu o Método SOL. Curiosa, mas um tanto cética, ela começou a aplicar as ferramentas aos poucos, com a esperança de que aquilo pudesse fazer alguma diferença. O passo principal de sua jornada foi o autoperdão. Camila havia passado anos se cobrando por não ter atingido suas metas profissionais. Por dentro, carregava uma sensação de que havia falhado, que deveria estar muito mais avançada em sua carreira. Ao começar a trabalhar com o Método SOL, ela se deu conta de que essas cobranças e autojulgamentos estavam bloqueando seu progresso. Ela se permitiu perdoar-se por todos os momentos em que se sentiu insuficiente, e esse perdão trouxe uma leveza que ela não sentia havia tempo. Era como se, finalmente, estivesse se libertando de um peso invisível que carregava.

Mas isso foi só o começo. Durante o processo, Camila começou a explorar uma parte de si mesma que havia ignorado por anos: sua criança interior. Ao olhar para o passado, percebeu que muitas de suas inseguranças vinham de experiências vividas na infância, quando sentia que suas ideias e desejos não eram valorizados. Ela nunca tinha se permitido curar essas feridas, mas, com o Método SOL, começou a acolher essa parte de si mesma. Com carinho e compaixão, Camila ressignificou essas memórias e deu à sua criança interior o amor e a validação que tanto buscava. A partir daí, o cenário de sua vida começou a mudar.

Com mais espaço emocional e mental, Camila se abriu para práticas poderosas de gratidão. Ela começava e terminava todos os dias agradecendo pelas pequenas conquistas. Mesmo antes de ver grandes mudanças no mundo externo, ela se concentrava em tudo o que já tinha de positivo: sua família, sua saúde, sua resiliência. E essa prática começou a aumentar sua energia de abundância, o que logo se refletiu em sua realidade.

Foi nesse ponto que ela incorporou as **afirmações positivas.** No início, dizer a si mesma frases como "eu sou merecedora de sucesso profissional" parecia estranho e desconfortável. Mas, com o tempo, essas palavras começaram a ganhar força. Sua mente, antes repleta de dúvidas e limitações, começou a se reprogramar. Camila não apenas repetia as afirmações; ela passou a acreditar nelas, e essa crença se transformou em ação.

A **meditação** também desempenhou um papel fundamental na transformação de Camila. Nos primeiros passos de sua jornada, ela percebeu que os pensamentos obsessivos de culpa e autocrítica não a deixavam em paz. Com a prática da meditação, esses pensamentos começaram a se dissipar, abrindo espaço para que ela se perdoasse verdadeiramente. A meditação lhe trouxe uma conexão profunda com a vida e a clareza necessária para enxergar as possibilidades que estavam bem diante de seus olhos, mas que sua mente turbulenta antes não a permitia perceber. Além disso, a meditação foi essencial para que ela conseguisse manter o foco nas imagens que criava durante suas visualizações de sonhos e objetivos. Por meio dessa prática, ela conseguiu se concentrar nas cenas de sucesso e prosperidade que mentalizava, dando mais força e realidade a esses desejos, como se estivesse moldando o futuro de modo consciente.

Por último, Camila dedicou-se à prática da **visualização.** Ela se visualizava vivendo em um apartamento de frente para o mar em Fortaleza, sentindo a brisa leve e o cheiro de maresia. Em outras ocasiões, imaginava-se caminhando pelas ruas charmosas de Porto, em Portugal, e entrando em seu próprio apartamento. Mais do que isso, via-se como uma *coach* de sucesso, ajudando pessoas a desbloquearem seus próprios potenciais, assim como ela estava fazendo. Essas visualizações se tornaram tão vivas que, em algum momento, ela passou a acreditar plenamente que esses cenários eram possíveis. E, de fato, eram. Em menos de um ano, Camila manifestou os dois apartamentos que tanto sonhava. Um à beira-mar, em Fortaleza, onde passa temporadas de descanso e inspiração; o outro em Porto, seu refúgio europeu. Além disso, sua carreira como *coach* finalmente decolou. Hoje, Camila não apenas vive da sua paixão, mas também ajuda outras pessoas a transformarem a própria vida, assim como ela fez.

* * *

A jornada de Camila é um exemplo claro de como o Método SOL pode transformar não apenas uma área da vida, mas trazer uma renovação completa de dentro para fora. Ao liberar bloqueios emocionais, cultivar gratidão, reafirmar seu valor, meditar para encontrar paz e foco e visualizar o futuro com clareza, ela passou de uma mulher frustrada em sua carreira para uma líder inspiradora, vivendo em abundância e plenitude.

Essa é a magia do Método SOL – ele nos ensina que, quando alinhamos nossa mente, coração e espírito, milagres acontecem.

## Você está a um passo de transformar sua vida

Agora que você leu a história de Camila, quero que se permita fazer uma pausa e olhar para a sua própria vida. Pense nos sonhos que você ainda não alcançou. Talvez, assim como Camila, você esteja satisfeito em uma área da vida – relacionamentos, saúde, família – mas sinta que outra parte ainda está carente de realização.

Agora, imagine por um momento que não existem barreiras para os seus sonhos. Feche os olhos e visualize-se exatamente onde você quer estar. Pode ser em um novo emprego, fazendo a viagem dos sonhos, com uma conta bancária mais robusta, ou até mesmo passando por uma mudança mais sutil, como obtendo uma sensação profunda de paz interior ou confiança. Como você se sente nesse lugar? Consegue sentir a emoção de viver essa realidade?

A verdade é que *essa* realidade que você acabou de visualizar não está tão distante quanto você pensa. Camila não é uma exceção. O sucesso dela não foi sorte nem coincidência, mas o resultado de uma decisão: a decisão de usar as ferramentas certas para transformar seu estado interior e, consequentemente, sua vida externa.

Mas por que isso funciona?

Vou compartilhar com você uma verdade que muitos dos grandes líderes, empreendedores e artistas do nosso tempo já conhecem: tudo começa na mente. É por isso que personalidades como Oprah Winfrey, Will Smith e Jim Carrey falam abertamente sobre como o **autodesenvolvimento** e a **lei da atração** moldaram suas trajetórias de sucesso.

Oprah, por exemplo, sempre mencionou que a chave para sua vida extraordinária foi aprender a visualizar e manifestar seus desejos. Ela medita diariamente, pratica gratidão e acredita que tudo o que conquistou começou com um pensamento claro e uma fé inabalável em sua visão.

Will Smith também compartilha uma crença profunda na força do pensamento e da afirmação positiva. Em várias entrevistas, ele diz que sempre se enxergou como uma estrela, antes mesmo de qualquer pessoa o reconhecer como tal. Sua convicção era tão forte que o mundo ao seu redor teve que se ajustar para refletir essa crença.

Jim Carrey, antes de ser um dos comediantes mais bem-sucedidos de Hollywood, escreveu para si mesmo um cheque de dez milhões de dólares, como um ato simbólico de fé. Todos os dias, ele visualizava receber essa quantia. Cinco anos depois, antes mesmo de *Debi e Lóide* estrear, ele recebeu exatamente esse valor por um de seus papéis. Isso não é mágica, é intenção alinhada com ação, e essas práticas estão ao seu alcance.

A razão pela qual estou compartilhando essas histórias é simples: quero que você perceba que o poder de criar sua realidade já está dentro de você. A única coisa que separa você de seus maiores desejos é a falta de clareza quanto a como usar as ferramentas certas. Ferramentas que estão presentes no **Método SOL** e que já ajudaram tantas pessoas a transformarem a própria vida.

Mas não se trata apenas de sonhar ou visualizar. O Método SOL vai além porque combina ferramentas práticas com o poder da intenção. Perdão, cura da criança interior, gratidão, afirmações, visualizações: todos esses elementos, em si só, já são poderosos. Juntos, são transformadores.

O que torna o Método SOL único é a **sequência intencional** em que essas práticas são aplicadas. Elas já existem há milhares de anos, mas é o modo como apoiam umas às outras que gera uma transformação real. Muitas pessoas conhecem essas ferramentas isoladamente, e não alcançam resultados porque as usam na ordem errada ou sem compreender sua aplicação profunda.

No Método SOL, cada passo prepara o terreno para o próximo. É essa harmonia que libera o verdadeiro milagre.

Então a pergunta que quero fazer a você é: o que você ainda precisa perdoar? O que ainda está dentro de você que precisa ser curado? Quais são as afirmações que você ainda não ousou fazer para si mesmo? Você se permite visualizar uma vida extraordinária, como fizeram tantas pessoas de sucesso, ou ainda se limita a acreditar que isso é apenas para os outros?

A jornada de transformação começa com o despertar de uma verdade simples: *você merece*. E, mais do que isso: *você pode*.

Agora, imagine-se no futuro. Imagine que você escolheu aplicar as ferramentas do Método SOL a partir de hoje. Imagine que, em um ano, você vai olhar para trás e ver uma realidade completamente diferente. Vai ter alcançado objetivos que antes pareciam inatingíveis, vai ter criado oportunidades, melhorado seus relacionamentos, sua carreira vai ter dado um salto e, acima de tudo, você vai se sentir em paz e realizado.

Isso não é apenas possível, é o que acontece quando você coloca essas ferramentas em prática. Camila fez isso. Oprah fez isso. Will Smith e Jim Carrey também. E você, quando vai começar?

Essa reflexão é um convite, uma oportunidade para você perceber que a transformação que você busca não está tão longe quanto imagina. Você já tem tudo o que precisa dentro de si. O Método SOL é apenas o caminho para acessar esse potencial.

## O Método SOL e a claridade que transforma vidas

Ao longo deste capítulo, você foi apresentado ao poder transformador do **Método SOL**. Viu como as ferramentas do método ajudaram Camila e tantas outras pessoas a superarem obstáculos internos e a manifestarem suas maiores conquistas. Só que, mais do que resultados tangíveis, como uma nova carreira ou o apartamento dos sonhos, o verdadeiro poder do Método SOL está na capacidade de mudar a maneira como você se vê e como enxerga o mundo ao seu redor.

A grande verdade é que a maioria dos nossos desafios não está no mundo externo, mas dentro de nós. Quantas vezes você já se pegou preso a pensamentos limitantes, sentindo que o sucesso está longe de ser alcançado, que a vida é um ciclo repetitivo de frustrações? Isso acontece porque muitos de nós carregamos sombras internas – medos, crenças, mágoas – que obscurecem nossa visão e nos impedem de ver a verdade simples: **nós já somos suficientes, já somos capazes, já somos uma fonte de luz**.

O **Método SOL** é o caminho para **iluminar essas sombras**. Ele vai ajudar você a olhar para si mesmo com novos olhos: de compaixão, aceitação e clareza. Ao aplicar as ferramentas que você aprenderá aqui – o perdão, a cura da criança interior, a gratidão, as afirmações positivas e as visualizações – você não estará apenas mudando circunstâncias externas, mas, acima de tudo, começará a ver a vida com mais clareza e propósito.

Essa clareza é a chave para acender sua luz interior. Porque quando você se vê com amor, quando deixa de lado os julgamentos e medos que ofuscam sua verdadeira essência, você começa a brilhar de uma maneira que antes parecia impossível. Essa luz interior é o que vai guiar você a tomar melhores decisões, a criar uma vida mais alinhada a seus desejos e, o mais importante, a viver em harmonia consigo mesmo.

E aqui está o segredo mais bonito de todos: **quando você acende a sua luz, o mundo inteiro sente esse brilho**. Sua transformação pessoal se reflete no seu ambiente, nos seus relacionamentos, no seu trabalho e, por fim, se espalha como uma onda de positividade no mundo. Ao se transformar, você não muda apenas a sua realidade, mas também inspira e ilumina aqueles ao seu redor.

O Método SOL não envolve apenas alcançar objetivos materiais ou resolver problemas; ele é, antes de tudo, uma jornada de clareza e iluminação interior, de reencontro com a sua essência. Quando você enxerga a si mesmo de maneira mais clara, sua luz interior brilha com força, e essa luz é o que tem o poder de transformar sua vida e refletir uma nova realidade para o mundo inteiro.

CAPÍTULO 6

# Primeiro passo: despertar da autoconsciência e reconhecimento da criança interior ferida

O sofrimento a que resistimos nos aprisiona; o sofrimento que acolhemos nos liberta.

**Uma bailarina e coreógrafa renomada, atuando no auge de** sua carreira em uma das maiores escolas de samba e no Teatro Municipal do Rio de Janeiro, chegou até mim com o coração pesado. Ela enfrentava um turbilhão de dificuldades em seus relacionamentos, tanto pessoais quanto profissionais. Embora todos ao seu redor vissem claramente o seu talento, ela mesma não conseguia enxergar todo o seu potencial. Havia uma força e brilho em sua dança que encantavam multidões, mas, dentro de si, ela carregava uma baixa autoestima que a limitava profundamente, afetando até sua capacidade de negociar melhores condições de trabalho e impor limites saudáveis em seus relacionamentos, especialmente nos amorosos.

Ela sentia um medo profundo de desagradar as pessoas, de ser criticada ou de não ser aceita. Esse medo a paralisava, impedindo-a de dizer "não" quando necessário. Ela estava a um passo de desistir de sua carreira no carnaval, e seu relacionamento amoroso também estava por um fio. Ela se via presa em um ciclo de agradar aos outros, na esperança de ser amada e respeitada, mas, sem perceber, estava sacrificando seus próprios sonhos e necessidades.

Ao iniciar a terapia com o Método SOL, partimos por uma jornada pela sua infância, especialmente pelas memórias envolvendo sua mãe e irmã. Ela recordou histórias em que, desde pequena, sentia que precisava fazer de tudo para agradar, temendo que, caso contrário, o amor e a aceitação lhe fossem negados. Esses episódios se enraizaram fundo, fazendo sua criança interior ainda buscar validação desesperadamente. Essa busca incessante a acompanhava, influenciando cada uma de suas decisões na vida adulta.

Encarar essas lembranças não foi fácil, mas foi nesse confronto que ela encontrou sua verdadeira força. Ela percebeu que muitas das escolhas que fazia não eram dela; eram da garotinha de cinco anos que, ainda assustada e vulnerável, fazia de tudo para ser vista e amada. A cada sessão, ela foi desfazendo essas correntes invisíveis, libertando-se das crenças limitantes que a prendiam e redescobrindo seu valor.

Foi então que a transformação começou. Ao aprender a respeitar as próprias necessidades, ela passou a impor limites. Ao fazer isso, seu parceiro passou a tratá-la com o respeito que ela sempre desejou. Ela aprendeu a colocar suas necessidades em primeiro lugar, a expressar suas vontades e a dizer "não" sem culpa, como se estivesse finalmente tomando a vitamina de que sua alma tanto precisava. E esse novo posicionamento refletiu-se em sua carreira. Sua paixão pela dança renasceu, ela foi promovida, passou a receber uma remuneração justa e seus colegas e superiores passaram a reconhecê-la não só pelo talento, mas pela segurança e integridade que agora emanavam dela.

Essa bailarina encontrou a coragem de olhar para dentro de si e enxergar as feridas de sua criança interior, oferecendo a essa parte vulnerável o amor e a compaixão pelos quais ela tanto ansiava. Ao acolher sua dor e transformá-la, ela desbloqueou um poder interior que mudou radicalmente sua vida. Hoje, ela dança não apenas com o corpo, mas com a alma liberta – e cada passo é uma celebração de quem ela se permitiu finalmente ser.

Como já exploramos em capítulos anteriores, **dentro de cada adulto vive uma criança que carrega as marcas de suas primeiras experiências.** Essa criança interior é uma parte essencial de quem somos, influenciando nossas emoções, crenças e até as decisões que tomamos. No entanto, muitas vezes ela também carrega feridas: dores que não foram curadas, medos que foram ignorados e crenças que limitam seu potencial.

**O primeiro passo do Método SOL** é justamente o **despertar para a autoconsciência**. Trata-se de um estado em que começamos a observar a nós mesmos com mais clareza, percebendo os padrões que nos conduzem e, principalmente, reconhecendo a presença dessa criança interior ferida. Ela está ali, em silêncio, guiando reações, inseguranças e frustrações. Para iniciar qualquer processo de transformação, é fundamental trazer essa criança para a luz.

Reconhecer a criança interior ferida não é apenas olhar para o passado com arrependimento ou dor. É um ato de coragem e compaixão, um convite para o resgate de partes de nós que ficaram esquecidas ou foram reprimidas ao longo da vida. Quando nos damos conta de que essas feridas ainda influenciam nosso presente, abrimos a porta para a cura verdadeira. Este é o início de uma jornada de autoconsciência que nos liberta.

Quando crianças, criávamos significado para tudo ao nosso redor. Nosso mundo era moldado por palavras, gestos e atitudes dos adultos que nos cercavam. Nossos pais, ou as figuras que desempenhavam o papel de cuidadores, eram nossos deuses. Isso porque aprendemos por meio de três processos principais: observação, escuta e cópia. Tudo o que foi dito ou feito perto de nós foi absorvido pelo nosso subconsciente, construindo a base para as crenças que carregamos ao longo da vida.

Essas experiências, por mais simples que pareçam aos olhos de um adulto, marcam a alma de uma criança de um modo que nem sempre é possível perceber. Você se lembra de quando perdeu seu brinquedo favorito? Talvez tenha sido um ursinho que sempre levava para a cama ou aquela boneca para a qual contava todos os seus segredos. Quando o perdeu, o mundo pareceu desabar. As lágrimas vieram rápidas, o coração apertou, e tudo que você queria era ter seu amigo de volta. No entanto, o adulto ao seu lado provavelmente pensou que era apenas birra e tentou apaziguar sua dor com um brinquedo novo, dizendo: "Não chore, olha, aqui está outro ursinho".

Mas, para você, a questão não era o brinquedo perdido; era algo muito maior: a sensação crua de perda, a dor que ninguém viu e, acima de tudo, o desejo profundo de que alguém reconhecesse sua dor e lhe dissesse que tudo ficaria bem. Era o pedido silencioso de ser acolhido, de ser visto. Quando isso não acontecia, você guardava tudo em um lugar escondido, ali, no seu coração.

Agora imagine crianças que cresceram com dores muito maiores, tendo que lidar com feridas que nunca foram tratadas. Crianças que enfrentaram a separação dos pais, o medo de perder um ente querido doente, a ausência de amor, os abusos físicos e emocionais. Essas crianças se tornaram adultos com bagagens pesadas, trazendo para o mundo suas dores não curadas, criando uma cadeia de sofrimento que se reflete em guerras, violência e injustiças. A miséria do mundo, em muitos aspectos, é o reflexo direto da miséria que carregamos em nossa mente e coração.

Por isso, reprogramar nossa mente e curar nossas feridas não é apenas um ato de autocuidado; é um ato de amor para com o mundo. Precisamos curar nossas feridas para oferecer um futuro mais saudável e justo para nossos netos e todas as gerações que estão por vir. É nossa responsabilidade. E essa cura começa, muitas vezes, pela reconciliação com nossa criança interior, pela compreensão das dores que ela carrega até hoje.

Eu vivi muitos anos culpando o mundo pelos meus fracassos, pelo que não deu certo, me afogando no vitimismo, até que percebi que minha vida era a repetição de crenças inconscientes que me empurravam para hábitos e comportamentos que me faziam mal. Foi só quando, em um retiro espiritual, me permiti olhar nos olhos da minha criança interior que entendi: toda a dor que carreguei por tantos anos era, na verdade, a dor dela, não a minha.

Ali, naquela ilha silenciosa, longe de tudo, eu a vi. Vi sua tristeza, sua solidão, vi o quanto ela só queria sentir que era amada. E percebi que, por muitos anos, interpretei a minha vida com base na dor daquela menininha. Ela sempre foi amada, mas os adultos ao redor dela só podiam dar o amor que tinham aprendido a dar, e talvez nem sempre da maneira que ela precisava. Entender isso me libertou e, naquele momento, pude abraçá-la e dizer: "Você é amada".

Ao fazer esse exercício, você precisa não apenas encontrar sua criança interior, mas também **não minimizar a dor que ela sente.** Pode ser que você olhe para o lado e pense que a dor do outro é maior, mas isso não implica que a sua doa menos em você. O trauma não tem base apenas em grandes eventos; ele pode surgir de momentos aparentemente pequenos, mas que são capazes de deixar marcas profundas na mente infantil. Afinal, as pessoas processam um mesmo evento de maneiras diferentes.

A boa notícia é que podemos voltar à nossa infância agora. Podemos revisitar esses momentos dolorosos e, em vez de tentar "consertar" a dor da criança que fomos, podemos simplesmente reconhecê-la. Podemos permitir que a emoção, antes reprimida, seja sentida plenamente, sem julgamentos. O que a nossa criança interior precisa não é de uma solução imediata, mas da nossa presença atenta. Ela precisa saber que estamos ali para apoiá-la, que a dor que sentiu não é perigosa, que não há problema em sentir o que ela sentiu.

Esse processo de reconexão com a nossa criança interior não é para "corrigir" o passado, mas para oferecer a atenção e o amor que, talvez, não tenham sido totalmente recebidos naquela época. Ao fazermos isso, permitimos que essa criança seja libertada de sua própria dor e deixe de carregar a culpa e a confusão que ela possa ter internalizado. Quanto mais nos conectamos com essa parte de nós, mais a libertamos para que ela não precise mais se manifestar por meio de padrões emocionais dolorosos na vida adulta. Este é o caminho para a verdadeira cura: não pela negação do passado, mas pela aceitação amorosa de quem fomos e das emoções que carregamos.

## Reconhecendo a criança interior ferida

Talvez você já tenha notado alguns sinais que indicam a presença dessa criança interior ferida:

- medo intenso de críticas e rejeição;
- sensação de insegurança constante;
- necessidade de agradar aos outros;
- dificuldade de confiar e criar vínculos profundos nos relacionamentos;
- procrastinação de projetos importantes por medo de falhar;
- sentimento de inadequação, como se algo em você estivesse sempre "fora do lugar";
- reações emocionais exageradas em situações de perda ou decepção.

Esses sinais apontam para a influência de emoções antigas que, muitas vezes, controlam nossas escolhas e limitações atuais. O caminho para se libertar das correntes emocionais começa aqui, na conscientização e no trabalho com a criança interior.

Uma parte fundamental para iniciar o processo de cura e reconexão com sua essência é o encontro com a criança interior e a autorreflexão. Para isso, propomos uma meditação guiada, na qual você se encontrará com a criança de 5 anos que vive dentro de você. Esse encontro é o ponto de partida para a revelação dos padrões emocionais que você carrega sem perceber e que influenciam suas emoções, decisões e relacionamentos.

Ao guiar-se por essas práticas cuidadosamente elaboradas, você começará a perceber que, por trás da dor, existe uma verdade mais profunda, esperando para ser revelada e integrada à sua vida atual. Essa meditação guiada é uma prática poderosa para ajudar você a se conectar com sua criança interior e iniciar o processo de cura emocional. Ela pode ser lida ou gravada para uma experiência mais imersiva. Você também a encontra no meu canal do YouTube.

Aponte a câmera do celular para o QR Code para acessar a meditação guiada que o ajudará a se conectar com sua criança interior.

**https://youtu.be/3F0LWtmjKBw?si=rZdTPHUzRKeLRDMP**

## Meditação guiada: encontro com sua criança interior

Sente-se ou deite-se em um lugar confortável, onde você possa relaxar profundamente sem interrupções. Feche os olhos e comece a prestar atenção em sua respiração. Inspire profundamente, enchendo os pulmões com ar puro, e expire lentamente, liberando toda a tensão do seu corpo. Repita isso algumas vezes, permitindo-se relaxar mais a cada respiração.

Agora, imagine que você está em um lugar seguro e tranquilo. Pode ser um lugar que você já conheça, como um jardim, uma praia ou uma floresta, ou pode ser algo criado pela sua imaginação. Sinta a segurança e a paz desse ambiente, sabendo que esse é um espaço só seu, onde você está completamente protegido.

Enquanto se familiariza com esse lugar, veja uma luz suave surgindo ao longe. Aos poucos, essa luz começa a tomar forma, revelando uma figura que se aproxima de você. Conforme ela chega mais perto, você percebe que é uma criança e que ela tem 5 anos. Essa criança é você em uma versão mais jovem de si mesmo, carregando todas as suas primeiras experiências, sentimentos e sonhos.

Observe essa criança se aproximar até parar bem na sua frente. Ela olha para você, e você olha de volta para ela. Esse é um momento de reconhecimento. Talvez você esteja realmente vendo essa criança pela primeira vez, não apenas como uma lembrança, mas como uma parte viva de você.

Permita-se observar os detalhes. Como ela está vestida? Como é o seu olhar? Ela parece triste, assustada, confusa ou talvez até alegre? Apenas observe, sem julgamento, com curiosidade e compaixão.

Agora, gentilmente, ajoelhe-se na frente dessa criança, ficando na sua altura. Olhe-a nos olhos e, com a suavidade de quem fala consigo mesmo, diga a ela que você está aqui. Diga que agora você a vê, que reconhece a sua dor e o seu sofrimento. Diga que você sabe o quanto ela tem carregado e que, a partir de agora, ela não precisa mais carregar esse peso sozinha.

Se for confortável para você, estenda a mão para ela. Sinta o toque suave da mãozinha dela na sua. Ofereça-lhe o carinho e a segurança de que ela sempre precisou. Sinta a conexão entre vocês, como se uma energia amorosa fluísse de você para ela e de volta para você.

Permita que a criança se expresse. Talvez ela queira falar algo ou apenas ficar em silêncio ao seu lado. Seja do que for que ela precise no momento, ofereça-lhe o seu apoio incondicional. Diga que você está ali para protegê-la, para ouvi-la, e que ela não está mais sozinha.

Agora, visualize-se abraçando essa criança. Um abraço caloroso e acolhedor, que transmite todo o amor e a segurança que você deseja a ela. Sinta esse abraço preencher o seu coração e o dela com um profundo senso de paz.

Enquanto vocês permanecem nesse abraço, repita para si mesmo, silenciosamente ou em voz alta: "Eu vejo você, eu ouço você, eu estou aqui para apoiar você. Juntos, vamos nos curar e crescer".

Quando sentir que é o momento certo, comece a visualizar a criança se fundindo em você, como se ela estivesse se integrando ao seu ser. Ela sempre esteve com você, mas agora ela está acolhida em seu coração, em segurança, sabendo que será sempre cuidada e protegida.

Respire fundo mais uma vez, sentindo essa nova conexão e aceitação. Quando estiver pronto, comece a voltar ao seu espaço atual, trazendo consigo essa sensação de paz e união. Mexa lentamente seus dedos, suas mãos e, quando se sentir preparado, abra os olhos.

Leve com você essa conexão ao longo do seu dia. Sempre que precisar, volte a esse espaço seguro, para lembrar à sua criança interior que ela nunca está sozinha.

## Descobrindo nosso verdadeiro "eu"

Agora que você já fez a meditação da criança interior, talvez pela primeira vez tenha vislumbrado não só seu lado mais frágil, mas também os poderes que essa criança carrega dentro de si. Quero convidar você a continuar essa jornada de reprogramação mental para o resto da sua vida, aprendendo a diferença entre estar consciente e inconsciente. A nossa vida é, em grande parte, o reflexo das nossas escolhas, as quais vêm do subconsciente, aquele lugar que molda o quanto você acredita que merece, o parceiro que escolhe, a maneira como se trata e até mesmo como reage aos desafios.

Vivemos muitas vezes como se estivéssemos em um sonho, sem jamais acordar para a verdadeira essência de quem somos. Quando começamos o trabalho interno, um despertar acontece. Esse despertar revela nossa autenticidade, nosso "eu" verdadeiro escondido sob camadas de crenças e comportamentos que adotamos sem perceber. É então que nos damos conta de que temos o poder de escolha. Podemos fazer escolhas conscientes que transformem a nossa vida, mas, para isso, precisamos reconhecer os padrões que nos limitam, aquelas crenças e hábitos que absorvemos ao longo da vida e que já não fazem sentido.

Esse processo é mais simples do que parece. Quando temos consciência dos nossos sentimentos, começamos a perceber o que ocupa nossos pensamentos. Se você não consegue identificar o que sente, observe os seus resultados. Você está onde realmente gostaria de estar? É a pessoa que sempre sonhou ser? Já se perguntou quem realmente é? Muitas vezes, somos apenas produtos de nosso ambiente, nossa família, nossa sociedade, de tudo o que nos foi ensinado. Mas você não escolheu carregar esses comportamentos e medos; eles foram dados a você, como um presente.

Agora, talvez tenha chegado o momento de devolver esses "presentes" que não lhe servem mais. Aquela insegurança que você sente pode não ser sua, talvez seja de uma tia que sempre repetia que os relacionamentos eram um campo de batalha de onde ela saía ferida. Aquela raiva incontrolável pode não ser sua, talvez venha de um pai que voltava para casa reclamando do chefe, carregado de frustração. E a procrastinação que lhe impede de avançar? Pode ser um reflexo da tristeza de sua mãe, que precisava lutar para fazer todas as tarefas do lar porque tinha depressão. Pergunte a si mesmo: o que eu carrego dentro de mim que não é realmente meu?

Eu proponho um exercício simples, mas profundo: nos próximos sete dias, comece cada manhã com lápis e papel nas mãos e responda a esta pergunta: "O que não é meu e sempre sabotou minha vida? De quem é isso?". Escreva sem pressa e deixe as respostas fluírem. Ao terminar, leia em voz alta em frente ao espelho, repetindo três vezes: "Não é meu!". Se possível, grite isso com toda a sua força, mas se houver pessoas ao seu redor, mentalize essa frase com intensidade. Depois, queime o papel e jogue as cinzas no lixo.

Esse exercício é um ato de libertação. É uma maneira de dizer ao seu subconsciente que você não aceita mais carregar fardos que não lhe pertencem. É o início de uma limpeza profunda, por meio da qual você começará a abrir espaço para o novo, para as escolhas conscientes que o levarão a uma vida autêntica e plena.

## O caso de Ana

Durante o ano de 2020, no auge da pandemia, Ana, uma médica dedicada na linha de frente, vivia um turbilhão de emoções. O medo constante de contrair o vírus e levar a doença para sua família a consumia, enquanto a exaustão física e mental tornava cada dia mais desafiador. Ana sentia-se ansiosa, sobrecarregada e desconectada de si mesma. O estresse constante acionava memórias profundas e dolorosas de sua infância, reativando crenças de medo e desamparo que ela carregava sem perceber.

Foi nesse momento de crise que Ana decidiu buscar algo que pudesse ajudá-la a retomar o controle de sua vida. Ao começar a praticar as ferramentas do Método SOL, ela mergulhou no processo de reconexão com sua criança interior. Durante as meditações, Ana percebeu que o medo que a paralisava na pandemia não era apenas uma reação ao perigo presente, mas também uma resposta a feridas antigas, ligadas a experiências de abandono e insegurança em sua infância.

Com o tempo, ao enxergar essas feridas com compaixão e acolhê-las, Ana começou a transformar sua relação com o medo. A prática regular da meditação trouxe clareza e calma para sua mente, reduzindo os ataques de ansiedade e o estresse que antes pareciam insuportáveis. No hospital, onde antes atuava em estado de alerta constante, Ana passou a trabalhar com uma presença tranquila, transmitindo confiança e segurança aos colegas e pacientes.

Essa transformação não apenas a ajudou a lidar com o caos externo, mas também gerou mudanças profundas em outras áreas de sua vida. Ana reconstruiu sua autoestima, melhorando sua relação com os filhos e se permitindo ser mais vulnerável e amorosa. No ambiente de trabalho, ela se tornou um exemplo de equilíbrio, sendo reconhecida como alguém que, mesmo em meio ao caos, emanava força e serenidade.

Hoje, Ana não vê a pandemia apenas como um período de desafios extremos, mas como o momento em que resgatou sua essência. O trabalho com sua criança interior não apenas a libertou do peso de crenças limitantes, mas também despertou nela um novo olhar para a vida, repleto de amor e coragem. A história de Ana é a prova de que, ao curarmos nossas feridas internas, encontramos forças para superar até mesmo as tempestades mais difíceis.

## Saindo do estado de vítima

Quando você era criança, não tinha a capacidade de analisar quem era o responsável por suas dores e frustrações. Pelo contrário, o que você fez foi construir uma barreira invisível entre você e o mundo, como uma maneira de se proteger. Dentro dessa barreira, nasceu uma voz – uma voz que, ao longo dos anos, pode ter tirado de você o poder de mudança. Essa voz repete pensamentos como: *Por que isso está acontecendo comigo?; Por que eu?; Por que não nasci em uma família diferente?; Por que nada na minha vida dá certo?; Eu nasci mesmo foi para sofrer; Ninguém gosta de mim.* Esses são apenas alguns exemplos, mas pode haver outros, talvez ainda mais duros.

Essa voz vem da sua criança interior, que ficou aprisionada atrás desse muro, protegendo-se de traumas e decepções da infância. Ao longo da vida, sempre que algo não sai como você gostaria – seja um parceiro que não o trata como você espera, uma sensação de inferioridade no trabalho ou a impressão de que outras pessoas têm mais oportunidades – essa barreira é reativada. O muro se ergue e a voz da criança diz, lá de dentro: "O problema é você. Ninguém ama você. Todo mundo é melhor do que você. Sua vida nunca vai mudar".

Com isso, o adulto que você se tornou continua tentando, mas, sem perceber, acaba atraindo vínculos que reforçam esses sentimentos, como se relacionar com pessoas que o fazem sentir que o problema é você. Isso, muitas vezes, resulta em relacionamentos vazios e até abusivos, pois a crença criada lá atrás ainda diz que é isso que você merece.

Mas a verdade é que nada disso é real. Não há nada de errado com você. Infelizmente, por muito tempo, acreditamos nessa voz, e ela acabou comandando a nossa realidade. Precisamos entender que as pessoas que contribuíram para essa programação também estavam lutando com as próprias dores e as próprias crianças interiores. É impossível dar amor quando você nunca foi amado, assim como é difícil ensinar autoestima a um filho se você mesmo não acredita em si.

Nossa escassez, nossa autoestima baixa e nossa necessidade de validação vêm dessa bagagem emocional que carregamos desde a infância. Agora, com o primeiro passo do Método SOL, você tem a chance de finalmente reconhecer essa voz, acolher essa criança e, aos poucos, libertar-se dessas amarras. Afinal, sair do estado de vítima é um ato de coragem e autocompaixão, e é isto que o próximo passo desta jornada propõe: fazer você se reconectar ao seu poder, abandonando as limitações do passado e criando uma nova realidade.

Agora que você finalizou o processo do primeiro passo, reserve um momento para reconhecer sua coragem. Enfrentar a própria criança interior e revisitar memórias e emoções que há muito estavam escondidas exige força e determinação. Nem todos têm a bravura de olhar para dentro de si com tamanha honestidade, mas você conseguiu. Esse é um passo gigantesco em direção à sua cura.

Ao refletir sobre sua vida hoje, permita-se questionar o que realmente você deseja transformar. Pergunte-se: "Estou realmente satisfeito com minha vida?"; "Sou feliz, realizado, próspero?". Essas perguntas podem trazer à tona áreas em que você ainda sente resistência ou insatisfação, talvez ligadas a relacionamentos, finanças, ou até mesmo à sua autoimagem. Saiba que isso é parte do processo, e identificar e aceitar essas áreas permite que você possa dar a elas a atenção e o amor que merecem.

Essas reflexões são fundamentais pois revelam aspectos da sua vida aos quais você ainda se sente preso, e muitas dessas amarras têm origem em experiências e crenças da infância. Mas, agora, com essa nova perspectiva e a força que conquistou ao acolher sua criança interior, você está mais preparado do que nunca para transformar essas áreas de maneira profunda e duradoura.

Permita-se celebrar essa conquista, mesmo que seja apenas o início da sua jornada com o Método SOL. Cada passo que você dá, cada nova descoberta que faz, aproxima você de uma versão mais autêntica e plena de si mesmo. Com essa base sólida, continue em frente com o coração aberto e a mente desperta, pois os próximos passos trarão novas ferramentas e *insights* que vão aprofundar ainda mais a sua jornada de cura.

Parabéns por essa conquista e por se permitir seguir adiante.

CAPÍTULO 7

# Segundo passo: a jornada do autoperdão e do perdão profundo

"O fraco nunca pode perdoar. Perdão é um atributo dos fortes."
***Mahatma Gandhi***[28]

**Quantas vezes você já sentiu que certas dores são incuráveis**, que o peso do que você ou outros fizeram no passado não abandonou seus pensamentos? É como se essas lembranças fossem cicatrizes abertas que ardem toda vez que sua mente volta a elas. Em cada momento de vergonha, indignação, medo ou raiva, você revive histórias que o feriram, mas, a cada vez que se permite entrar nesses pensamentos dolorosos, uma parte de você se fragiliza – como um músculo que perde a força ao ser ferido repetidas vezes.

A dor de não perdoar cria uma sombra que se projeta sobre o presente, obscurecendo a sua essência, a sua luz. Cada ressentimento e julgamento é como uma âncora, prendendo você ao que já passou e impedindo que alcance a paz que deseja. Esse peso não é apenas emocional; ele reverbera em seu corpo, em sua energia e em sua capacidade de viver plenamente.

Quantas vezes você já sentiu que algo invisível o bloqueava, como se uma força interior o mantivesse preso a padrões, dores e mágoas? Muitas dessas forças têm raízes profundas, que se misturam aos pensamentos que cultivamos sobre nós mesmos e sobre os outros. Esses pensamentos não são inofensivos. Eles carregam uma energia, uma vibração capaz de nos elevar ou nos esmagar. Pense em quantas vezes você se sentiu desmotivado ao relembrar situações do passado, ressentimentos, julgamentos de si mesmo ou dos outros. São nesses momentos que você mais se desconecta de quem realmente é, de sua essência, de sua força.

Agora, imagine o impacto de uma infância marcada pela vergonha ou pelo medo. Quando uma criança é ensinada a sentir vergonha, ela carrega esse peso em sua mente e coração por muitos anos, talvez por toda a vida. Essa vergonha se transforma em uma voz interna que a enfraquece, que a

---

[28] *"The weak can never forgive. Forgiveness is the attribute of the Strong"*. KRIPALANI, K. (org.). **All Men Are Brothers (Life and Thoughts of Mahatma Gandhi as Told in His Own Words)**. Índia: Navajivan. 1995. Disponível em: www.mkgandhi.org/ebks/AllMenAreBrothers.pdf. Acesso em: 24 maio 2025.

faz duvidar de seu próprio valor. Assim, a cada pensamento negativo sobre si mesma, essa criança – agora adulta – se torna prisioneira de uma narrativa que, muitas vezes, nem sequer percebe estar contando para si. E se houvesse uma maneira de soltar essas âncoras? De libertar-se da dor e acessar uma força que sempre esteve dentro de você?

Você já se encontrou com essa criança, já descobriu quais são os pensamentos que o prendem e que moldaram quem você é. Agora, chega de repetir padrões que ferem. Chega de acreditar em vozes que não são suas.

Este capítulo é um chamado. Um portal. Um convite corajoso para quebrar o ciclo, aquele que silenciosamente vem sabotando a sua luz. É hora de olhar para dentro. De encarar, com amor, as vozes que o enfraquecem e transformar cada uma delas em pensamentos que o fortalecem: pensamentos de compaixão, de aceitação e, principalmente, de perdão. Porque o perdão é a chave que abre as algemas invisíveis do passado e lhe permite reescrever sua história, a qual não precisa mais ser marcada pela dor. Faça para si uma nova narrativa, na qual o amor, a neutralidade e a disposição se tornam os protagonistas da sua vida.

Quando você pratica o autoperdão e o perdão aos outros, algo profundo acontece: você se conecta com uma força divina dentro de si, com uma consciência que vai além das feridas do passado. E, ao fazer isso, começa a ver o mundo com novos olhos: com a consciência de que todos nós, em algum nível, estamos lutando para encontrar nosso caminho de volta ao amor e à unidade.

Este é o início de uma jornada para abandonar o que enfraquece e abraçar o que fortalece. Ao longo das próximas páginas, você será guiado a olhar para si mesmo e explorar os pensamentos e sentimentos que têm moldado a sua vida. Mais que isso, será desafiado a transformá-los, a perdoar a si mesmo e aos outros, porque o que nos bloqueia, muitas vezes, é a falta de perdão. E a base do perdão não é esquecer o passado, mas, sim, libertar-se dele.

## O caso de Marta

Antes de iniciarmos a sua jornada com o perdão, quero compartilhar uma história real e inspiradora, a de minha aluna Marta, que conseguiu se libertar de um grande peso e transformar sua vida por meio do perdão.

Ela participou de um dos meus retiros presenciais no Brasil após já ter completado dois dos meus treinamentos on-line e aprendido a meditar comigo. Apesar de ter experimentado muitas mudanças positivas com a prática diária da meditação, Marta ainda carregava um fardo de que eu não sabia: ela havia brigado com o pai e não falava com ele havia dez anos.

Durante o retiro, realizamos a vivência, que foi precedida por um dia inteiro dedicado à reflexão. Encorajei todos os participantes a pensarem nas pessoas que precisavam perdoar ou que necessitavam do perdão deles, incluindo-as nesse ritual. Marta aceitou o desafio e, ao refletir sobre o relacionamento com o pai, tomou a decisão de liberar essa energia acumulada durante o ritual daquela noite.

Depois do retiro, Marta deu mais um passo em sua jornada de cura: iniciou meu programa on-line dedicado à criança interior. Então, o milagre do perdão aconteceu.

Dois anos depois, em outro retiro que realizei no Brasil, Marta compartilhou seu depoimento comigo. O pai havia falecido recentemente, mas, graças às ferramentas que ela aprendeu nos treinamentos e naquele primeiro retiro, ela conseguiu perdoá-lo antes de sua partida. Mais do que isso, ela teve a oportunidade de desfrutar de momentos preciosos ao lado dele em seus últimos meses de vida.

Agora, imagine como teria sido a vida de Marta se o pai dela tivesse partido sem o perdão. O peso e a tristeza poderiam tê-la acompanhado por muito mais tempo. Por isso, convido você, leitor, a abrir o coração neste capítulo. Perdoe a si mesmo e a todos que precisam do seu perdão. Quando liberamos espaço em nosso coração, a vida se torna muito mais leve, prazerosa e repleta de paz.

## Abra mão da sua história pessoal

Pode parecer desafiador a noção de abrir mão da sua história. Afinal, quem somos sem as histórias que carregamos, sem as memórias que definiram nossas dores e nossas vitórias? Todos nós temos nossas malas do passado, cheias de lembranças, feridas e experiências que nos marcaram. Carregamos essas bagagens pela vida, permitindo que elas determinem nosso estado emocional e moldem nossa visão do mundo.

Mas e se eu lhe disser que é possível deixar essas malas para trás? E se você pudesse olhar para o seu passado, não para se prender a ele, mas para abraçá-lo com aceitação, reconhecendo que tudo o que viveu – cada dor, cada mágoa, cada momento desafiador – foi necessário para trazê-lo até aqui? Libertar-se da sua história pessoal não é um ato de esquecimento, mas um ato de desprendimento. É reconhecer que o passado foi, sim, importante, mas que ele não precisa definir quem você é agora.

Perdoar é o caminho para essa liberdade. Quando você perdoa, não está apagando o que aconteceu, e sim se desvencilhando do peso que essa história carrega. Está renunciando ao poder que essa narrativa tem sobre você. Assim como diz a famosa frase atribuída a Albert Einstein, "você não pode resolver um problema com a mesma mente que o criou". O perdão é justamente uma mudança de perspectiva, uma transformação mental que permite ver além das feridas. É perceber que o que aconteceu no passado foi um capítulo da sua jornada, mas não precisa ser o roteiro do seu futuro.

Perdoar é dar um novo significado à sua história. É abrir espaço para um entendimento mais profundo de que cada evento foi um aprendizado, uma oportunidade de crescimento. Ao deixar para trás o apego a qualquer ideia de "justiça" ou "injustiça" associada às dores passadas, você se permite renascer no agora, livre de expectativas e ressentimentos que o aprisionam.

Imagine-se reescrevendo seu acordo com a realidade. Em vez de se definir pelas mágoas e limitações, você escolhe uma nova narrativa; uma que não enfraquece, mas fortalece. Nesse processo, você se liberta das ilusões do passado e emerge no presente com uma nova consciência.

Este é o convite que o perdão lhe oferece: a oportunidade de renunciar ao que pesa e abraçar o que liberta. Ao longo deste capítulo, você será guiado a reconhecer as histórias que carrega, a explorar os sentimentos que elas despertam e a transformá-los. Porque, ao final, o perdão não diz respeito apenas aos outros, mas à liberdade que você se permite experimentar. De abandonar a dor e acolher a paz.

## O poder libertador do perdão e do autoperdão

A mágoa ocupa um espaço muito grande em nossa mente, muitas vezes sem que percebamos. Ela cria histórias, enredos repetidos em nossa mente que drenam nossa energia e nos impedem de avançar. Essas histórias não só afetam nossa motivação, mas também o modo como nos relacionamos com o mundo e com as pessoas à nossa volta.

Pense, por exemplo, em um casamento que fracassou. Às vezes, a dor e as feridas desse episódio são carregadas como uma bagagem invisível, que se infiltra no presente e, sem que se perceba, afeta profundamente o relacionamento atual. O ressentimento guardado de um parceiro que o traiu, as promessas não cumpridas, a sensação de abandono: tudo isso, se não for liberado, continua a fazer parte da sua vida, criando barreiras invisíveis para a felicidade verdadeira.

Ou quem sabe, no aspecto financeiro, a escassez que você vive hoje pode ser a consequência de uma ferida não curada da infância. Pode ser o reflexo de uma casa onde a falta de dinheiro era uma constante, onde talvez o pai ou a mãe lutava contra vícios ou comportamentos autodestrutivos que prejudicavam a economia da família. Mesmo que você tenha se esforçado para criar uma vida diferente, inconscientemente ainda carrega as crenças limitantes sobre dinheiro que foram criadas nesse contexto. O medo da escassez e a sensação de que o dinheiro nunca vem quando mais precisamos dele são manifestações dessas feridas não curadas.

Esses exemplos mostram como as mágoas e as feridas do passado podem se manter ativas no presente, afetando decisões, comportamentos e, principalmente, nossa capacidade de seguir em frente. Mas há uma chave poderosa para a libertação: o perdão.

Quando perdoamos, estamos permitindo que a carga emocional que carregamos cesse. Ao perdoar, não estamos dizendo que o que aconteceu foi certo, mas reconhecendo que a única pessoa que sofre ao continuar guardando rancor somos nós mesmos. O perdão é o ato de nos dar permissão para seguir em frente, para curar nossas feridas e criar um novo caminho.

E o **autoperdão** é igualmente essencial. Quantas vezes somos nossos piores juízes, nos cobrando por erros do passado e nos punindo inconscientemente? É preciso olhar para dentro, perdoar-nos por não termos feito o melhor que poderíamos, por não termos sido perfeitos, reconhecer que somos apenas humanos e que a evolução acontece por meio de erros e aprendizados.

Liberar-nos dessas histórias e feridas nos permite abraçar a vida de maneira mais leve e positiva, deixando-nos prontos para manifestar novas realidades, sem os bloqueios emocionais que nos aprisionam. Perdoe-se. Perdoe aos outros. E libere-se para viver a vida plena que você merece.

## O poder curativo do perdão: transformação emocional e física

O perdão é um dos passos mais poderosos para a cura e transformação de nossas vidas; e os benefícios que ele traz vão além do emocional. Estudos mostram que o ato de perdoar não só alivia o peso da mágoa, mas também exerce um impacto significativo na saúde física e mental.[29]

De acordo com a *Harvard Medical School*, perdoar reduz a liberação de cortisol, o hormônio do estresse, promovendo uma sensação de calma e

[29] HOLFELDER, J. 'Forgiveness' Study: Letting Go of Hurt Helps Mental Health. **VeroNews.com**, 3 maio 2024. Disponível em: https://veronews.com/2024/05/03/forgiveness-study-letting-go-of-hurt-helps-mental-health/. Acesso em: 17 jun. 2025.

**AO PERDOAR, NÃO ESTAMOS DIZENDO QUE O QUE ACONTECEU FOI CERTO, MAS RECONHECENDO QUE A ÚNICA PESSOA QUE SOFRE AO CONTINUAR GUARDANDO RANCOR SOMOS NÓS MESMOS.**

ENCONTRE O EXTRAORDINÁRIO EM MEIO ÀS CICATRIZES
@fermachadooficial

equilíbrio.[30] Quando guardamos rancor, o cortisol em excesso pode prejudicar o sistema imunológico e afetar o corpo de formas invisíveis, causando problemas como hipertensão e distúrbios do sono. No entanto, ao perdoar, nós não só liberamos as mágoas emocionais, como também permitimos que o corpo se recupere, entrando em um estado de maior bem-estar.

Além disso, a *American Psychological Association* revela que pessoas que praticam o perdão têm níveis significativamente mais baixos de ansiedade, depressão e raiva.[31] O perdão, portanto, é um ato de libertação, não só da mágoa, mas também do estresse e da dor acumulados ao longo do tempo, e ainda pode melhorar a saúde cardiovascular e reduzir a pressão arterial, promovendo uma vida mais duradoura e saudável.

Ao perdoar, estamos liberando espaço para novas oportunidades, deixando para trás as crenças limitantes e emoções negativas que nos impedem de avançar. O perdão, portanto, não é apenas uma ferramenta para a mente, mas também para o corpo, criando uma nova realidade de paz, equilíbrio e saúde.

## A transformação de Viviane: superando a dor do passado com perdão e autoaceitação

Viviane cresceu em um lar desestruturado, onde enfrentou abusos físicos e emocionais por parte dos pais. Filha do meio, ela se sentia frequentemente invisível, tentando, sem sucesso, chamar a atenção dos pais, que estavam sobrecarregados com problemas financeiros e questões emocionais não resolvidas. Essa falta de afeto e atenção criou uma busca constante por validação em seus relacionamentos, e ela passou a procurar amor nos parceiros com a esperança de preencher um vazio emocional que sentia desde a infância.

Viviane se envolvia em relacionamentos que a levavam a uma forte dependência emocional, temendo ficar sozinha e acreditando que sua felicidade dependia de outra pessoa. O ciclo de codependência a mantinha presa, sem perceber que os padrões de comportamento que repetia eram reflexos do que havia aprendido em casa: a falta de amor-próprio e a dificuldade de se colocar em primeiro lugar.

[30] SALAMON, M. Not Just Good for the Soul. **Harvard Health Publishing**, 1º mar. 2024. Disponível em: www.health.harvard.edu/mind-and-mood/not-just-good-for-the-soul. Acesso em: 24 maio 2025.

[31] WEIR, K. Forgiveness Can Improve Mental and Physical Health. **American Psychological Association**, jan. 2017. Disponível em: www.apa.org/monitor/2017/01/ce-corner. Acesso em: 24 maio 2025.

Foi nesse momento que Viviane me procurou, sentindo que seu relacionamento com as filhas estava em crise. Elas já não queriam mais ter contato com ela, pois Viviane estava tão perdida nos próprios conflitos emocionais que não conseguia oferecer o afeto e a estabilidade de que as filhas precisavam. Ela sabia que precisava mudar, mas não sabia por onde começar.

Quando Viviane iniciou o trabalho com o Método SOL, o primeiro passo foi reconhecer a raiva que ela carregava, tanto dos pais quanto de si mesma. O mais revelador para ela foi entender que, assim como seus pais, ela não se amava o suficiente e buscava validação externa. Com o processo de perdão, Viviane finalmente entendeu que os pais haviam dado a ela o que podiam, considerando suas próprias limitações. Ela não precisava mais carregar a culpa de que o abandono emocional fosse responsabilidade dela.

O passo mais difícil foi o autoperdão. Viviane se sentia culpada pelos fracassos em seus relacionamentos, acreditando que não merecia algo melhor. Ao trabalhar a cura de sua criança interior, ela começou a perdoar a si mesma e, ao fazer isso, experimentou uma verdadeira transformação. A raiva e a culpa começaram a desaparecer, e a mulher que ela se tornou era mais forte, mais serena e, principalmente, mais capaz de se amar.

O impacto dessa transformação foi profundo, não só em sua vida, mas também em seu relacionamento com as filhas. Ao buscar a própria cura e aprender a se amar, Viviane passou a oferecer a elas o amor e a atenção de que elas tanto precisavam. As filhas, que haviam se afastado dela, a procuraram novamente, pedindo desculpas por não terem visto a mudança nela. Elas perceberam a força e a serenidade que Viviane agora irradiava, o que restaurou a confiança e o amor nos relacionamentos dela.

Hoje, Viviane é uma mulher que se reconectou com sua verdadeira essência, uma mãe mais presente, amorosa e forte, capaz de quebrar os padrões do passado e oferecer o melhor a si e às filhas. O perdão e o autocuidado foram os pilares que sustentaram essa transformação, permitindo-lhe criar uma nova realidade para sua vida e para sua família.

* * *

Quando nos agarramos ao ressentimento, permitimos que a dor domine nossos pensamentos e se espalhe pela nossa vida como uma sombra que não conseguimos afastar. Alimentar a vingança ou o rancor é como carregar um veneno que lentamente nos consome, acreditando que, em algum momento, trará alívio. Mas a verdade é que esse veneno nos afasta da paz que buscamos, pois perdemos a chance de experimentar o amor, a alegria e a serenidade que merecemos.

Perdoar não é um presente para o outro, mas para nós mesmos. É a chave que abre a cela onde guardamos nossos maiores sofrimentos. É a porta que, quando aberta, nos permite respirar um ar mais leve, mais puro, que nos reconecta com o fluxo natural do Universo e nos convida a caminhar em harmonia com nossa própria alma. Quando perdoamos, acessamos uma força maior que o orgulho, maior que o medo, maior que qualquer dor do passado. Isso porque tocamos a bondade que reside nas profundezas do nosso ser; uma bondade que está ligada ao merecimento de uma vida plena, de amor, de abundância.

É por isso que perdoar não é fraqueza; pelo contrário, é um ato de coragem. É olhar para as feridas e dizer: "Você não me controla mais. Eu escolho me libertar". Essa decisão ativa em nós um poder tão grande que somos capazes de transcender as limitações e abrir espaço para milagres em nossa vida. Jesus nos mostrou isso quando falou de oferecer a outra face,[32] não como um ato de submissão, mas como uma demonstração de grandeza e de paz interior. Ele sabia que o perdão transforma, ele sabia que o perdão liberta. O perdão abre um portal mágico para acessarmos as bênçãos mais profundas do Universo.

## Aceitando o inaceitável

Quando eu era adolescente, sentia uma rejeição profunda pela minha própria história. Eu não aceitava minha família, o lugar onde nasci e, muitas vezes, acreditava que havia chegado ao mundo na cidade e na família erradas. Esse pensamento me consumia. Por anos, mesmo depois de deixar o Brasil e passar quase duas décadas em outro país, ainda carregava dentro de mim uma dor oculta, uma ferida que continuava viva e me fazia projetá-la em outras pessoas, em outras situações.

Foi então que percebi: o cerne daquilo não era o que tinha acontecido, mas como eu interpretava aqueles eventos. Comecei a jornada de perdoar meus pais por meio da cura da minha criança interior. Encontrei, dentro de mim, uma compaixão que antes eu não sabia que existia. Ao mergulhar na história de vida deles, me coloquei no lugar de duas crianças que, apesar de terem enfrentado uma infância cheia de desafios, me deram mais amor e cuidado do que receberam dos próprios pais.

---

[32] Lucas 6:29.

Meu pai foi entregue a um orfanato aos 12 anos, logo após perder o pai. Minha mãe, por sua vez, perdeu os pais ainda muito jovem e precisou aprender a sobreviver em Belo Horizonte. Eles eram apenas crianças, que, ao se tornarem adultos, carregavam cicatrizes profundas e, mesmo assim, me deram tudo o que podiam.

Nessa jornada de aceitação, percebi que a versão da história que eu contava para mim mesma era apenas uma interpretação da minha infância: uma interpretação dolorosa que construí para justificar minhas próprias feridas. Mas, agora, não sou mais aquela criança. Sou uma adulta e escolho tomar responsabilidade pelas minhas dores e, principalmente, escolher a liberdade em vez da dor.

Talvez você, que está lendo este livro, esteja passando por algo semelhante. O peso que carregamos ao não perdoar nossos pais, ao nos ater a uma visão rígida do passado, pode nos impedir de encontrar a paz. Ao entender e aceitar a história deles como ela realmente foi – sem idealizações ou expectativas –, começamos a liberar nosso coração. Esse simples ato, de ver a verdade por trás daquilo que aconteceu, já é o primeiro passo para soltar um peso imenso.

Lembre-se: não é o que aconteceu com você que define quem você é, mas o que você decide fazer com isso.[33] Você pode transformar a dor em compaixão, a mágoa em liberdade; e se permitir seguir em frente, sem as correntes do passado. Escolha ser livre.

Você provavelmente já ouviu o ditado "tudo na vida passa". Mas, para muitos, isso não acontece. O ressentimento guardado a sete chaves não passa; pelo contrário, ele cresce e se fortalece a cada mágoa que carregamos. Quando outra pessoa não nos dá o que esperávamos, o ressentimento encontra uma nova oportunidade de se manifestar, e nos colocamos mais uma vez no papel de vítima, julgando e revivendo a dor.

Sair desse ciclo é mais do que um ato de coragem; é um ato de libertação. Para deixar o vitimismo, precisamos aceitar plenamente nossa própria história. Precisamos olhar para cada experiência e, em vez de resistir, abraçá-la. Esse é o caminho para a paz. Já parou para imaginar o que é deitar a cabeça no travesseiro à noite sem o peso das dores do passado? Sentir uma leveza tão grande que até respirar parece mais fácil, porque você finalmente entendeu que tem o poder de escolher o que entra em sua mente e passa pelo seu coração?

---

[33] BRETT, R. **God Never Blinks**: 50 Lessons for Life's Little Detours. Nova York: Grand Central Publishing, 2010.

O perdão nos oferece essa clareza. Ele abre espaço e limpa os cantos escuros da mente, aqueles onde os pensamentos dolorosos insistiam em se esconder. Quando perdoamos, paramos de ocupar a mente com lembranças de mágoas e começamos a construir, a criar. Tornamo-nos arquitetos da nossa vida, e a mente, antes prisioneira do passado, transforma-se em uma oficina de possibilidades.

Repita isto: nada mais me domina. Você não é mais refém das lembranças que o feriram. Você é o mestre da sua mente e do seu coração e, com essa liberdade, pode finalmente começar a viver em paz, com propósito, sem nada para esconder de si mesmo.

## O poder transformador do perdão

Quando alguém nos machuca ou nos critica, a sensação de traição pode ser esmagadora. Mas por que isso dói tanto? A resposta está em como interpretamos essas situações. Quando somos feridos, antigos gatilhos emocionais são ativados, levando-nos a reações automáticas de dor, raiva e defesa. Não é o ato em si, mas nossa resposta inconsciente que nos aprisiona. Criamos muros internos para nos proteger, mas esses muros também nos isolam da cura. O perdão, nesse contexto, se torna a chave para derrubar essas barreiras e liberar uma força poderosa que existe dentro de nós.

Há uma voz interior, muitas vezes alimentada pelo ego ferido, que sussurra: "Retribua, ataque, proteja-se". Essa voz é enganosa. Quando agimos com base nela, roubamos energia, em vez de recebê-la. É como tentar se preencher com a energia do passado – raiva, ódio, ressentimento – que, em vez de nos fortalecer, nos drena. Perdoar não é esquecer nem aprovar o que aconteceu; é interromper esse ciclo destrutivo. Perdoar é dar a volta por cima, é se levantar mais forte do que antes.

Quando perdoamos, algo extraordinário acontece: a alma relaxa, o corpo sente alívio e a energia que antes estava presa começa a fluir. Pequenos milagres surgem, situações se resolvem, relacionamentos se transformam e nossa força interior se renova. O perdão deixa de ser uma concessão ao outro e se torna um presente que damos a nós mesmos.

Muitas vezes, resistimos ao perdão porque acreditamos que a outra pessoa não merece. A verdade é que o perdão não é um ato de justiça; é um ato de libertação pessoal. Muitas vezes, mantemos o ressentimento como uma tentativa de controle – para nos proteger de mais dor, para provar que somos fortes. Mas isso é uma ilusão. A verdadeira força está em soltar, em deixar ir.

Lembre-se: pessoas felizes não machucam os outros. Quando alguém age com raiva ou crueldade, geralmente há dor por trás desse comportamento. Talvez, na infância, você tenha convivido com pais que, sobrecarregados por suas próprias feridas emocionais, não souberam expressar amor e cuidado. Essas dores são passadas de geração em geração até que alguém decida interromper o ciclo. Esse alguém pode ser você.

Quando enxergamos o sofrimento por trás das ações dos outros, conseguimos acessar uma nova perspectiva: a compaixão. E é aqui que o perdão começa. Ele não nega a dor, mas a transforma. Cada ferida é uma oportunidade para curar partes de nós mesmos que, de outra forma, permaneceriam escondidas. Quem o feriu, conscientemente ou não, deu a você uma chance de olhar para essas cicatrizes. Não para glorificar a dor, mas para encontrar força na cura.

O sofrimento não está no que aconteceu, mas na maneira como reagimos ao que aconteceu. E, felizmente, a libertação começa com uma escolha: a decisão consciente de perdoar. Essa escolha não é feita em benefício do outro, mas em benefício próprio. Para que sua alma possa fluir livremente, para que você possa viver sem as amarras do passado. Afinal, o perdão é a ponte entre a dor e a liberdade, e você tem o poder de atravessá-la.

## O perdão como caminho para a cura

Quando sentimos a dor causada por um gatilho emocional, temos diante de nós uma oportunidade única de curar aquilo que foi despertado. Toda dor que emerge pode ser acolhida, compreendida e transformada. O primeiro passo é reconhecer o que está acontecendo na mente e no corpo no momento do gatilho. Parar. Respirar. Escutar. A mente vai contar histórias: sobre injustiça, traição, desrespeito. Mas essas histórias não são verdades absolutas; são interpretações baseadas em feridas passadas.

Na próxima vez que essa dor surgir, em vez de reagir impulsivamente, pergunte a si mesmo: "O que estou realmente sentindo?; O que essa situação está tentando me ensinar?". Sentir é o início da cura. Quando negamos a dor, ela se transforma em ressentimento, bloqueando o fluxo natural das bênçãos em nossa vida. Mas quando a enfrentamos, abrimos espaço para a transformação.

Uma ferramenta poderosa nesse processo é lembrar-se de que a vida tem um propósito maior: receber e compartilhar as bênçãos que o Criador nos oferece. Você está se aproximando ou se afastando dessas bênçãos? Cada escolha, cada reação, o move em direção à luz ou à escuridão. Quando entender isso, você perceberá que o perdão não é para o outro, mas para você. Não se trata de aprovar o que aconteceu, mas de libertar a alma da prisão emocional que o impede de evoluir.

Muitas vezes, resistimos ao perdão porque acreditamos que a dor causada foi intencional. Mas, na verdade, estamos aqui para aprender, não para ensinar. E, ironicamente, nossos maiores professores são aqueles que nos ferem. Cada golpe emocional revela uma área em nós que precisa de cura: ciúme, insegurança, baixa autoestima. A dor não nos define, mas nossa reação a ela pode nos transformar – para o bem ou para o mal. Você tem o poder de escolher.

Quando não perdoamos, não castigamos o outro, mas a nós mesmos. É como beber veneno esperando que o outro morra. Carregamos o peso, a raiva, o ressentimento, enquanto o outro segue em frente, muitas vezes sem nem perceber o fardo que carregamos. O perdão, segundo a cabala, é a receita para os milagres. Ao final de cada dia, deveríamos refletir sobre nossas interações e liberar as energias negativas acumuladas, perdoando as situações e as pessoas. Isso abre as portas para milagres em nossa vida.

Imagine alguém machucando você com um espeto. Você não culpa o espeto, mas a pessoa que o segurou. Ainda assim, é o lugar onde o espeto bateu que precisa de cura. O ciúme, a raiva e a dor são sintomas de algo mais profundo. Quando escolhemos olhar para essas feridas, começamos a nos libertar, em vez de culpar os outros. O perdão ao outro faz parte do nosso próprio processo de cura.

Esperar que o outro peça desculpas é uma prisão emocional. A necessidade de validação externa nos mantém dependentes de algo que não controlamos. O verdadeiro poder está em reconhecer nosso próprio valor, independentemente das ações alheias. Pedir desculpas, por outro lado, é um ato de coragem e humildade que liberta não só a nós, mas também ao outro. Não se preocupe com o que o outro vai pensar; concentre-se no alívio, na paz interior e no sono tranquilo que virá quando você liberar essa carga.

Não tente escapar de suas dores. Observe suas reações quando alguém ativar um gatilho em você com palavras ou ações. Em vez de se perder na raiva ou no sofrimento, veja essas situações como oportunidades para crescer e se fortalecer. Cada vez que você perdoa, se aproxima da luz, da sua verdadeira essência, e se torna um canal aberto para as bênçãos que estão esperando para entrar em sua vida.

## Escrevendo para curar: as quatro cartas de perdão – um processo de cura consciente

A prática das cartas é mais do que um simples exercício de escrita. Ela é uma ferramenta poderosa para o desapego, a cura e a reconexão com o nosso eu verdadeiro. Quando você escreve, libera emoções que talvez estejam guardadas há anos em seu subconsciente, criando uma oportunidade para se libertar de padrões que bloqueiam sua energia vital.

Escrever para curar é um processo de transformação. Ao escrever as cartas, você está não apenas se expressando, mas também reprogramando sua mente e seu coração, permitindo que a cura se manifeste de dentro para fora. O ato de escrever serve como um caminho consciente para o perdão, que não apenas limpa o passado, mas também abre portas para um futuro cheio de possibilidades.

No Método SOL, a integração dos pais nesse processo é fundamental. Muitas das nossas dores, crenças e limitações têm raízes na infância, nas interações com nossos pais e nas expectativas que eles colocaram em nós. Quando as emoções não são adequadamente processadas ou as necessidades emocionais não foram atendidas, criamos bloqueios energéticos que afetam o nosso presente. As cartas servem como uma ferramenta para reescrever essas histórias, para dar um novo significado a esses eventos e, mais importante, para liberar a energia que nos aprisiona.

### 1. Carta para a criança interior

A primeira carta é uma oportunidade para você se conectar com a parte mais vulnerável de si mesmo: sua criança interior. Essa criança carrega as memórias da infância, as expectativas não atendidas, as rejeições e os traumas, mas também os sonhos e as necessidades não expressas. Ao escrever para essa criança, você oferece a ela o acolhimento e o amor que talvez ela não tenha recebido na época.

#### *Aprofundamento*

A relação com os pais muitas vezes é a base das crenças formadas na infância. Se você se sentiu rejeitado, negligenciado ou não amado da maneira que precisava, isso ficou gravado na sua criança interior. O perdão começa aqui, com a aceitação e o cuidado da criança que você foi. Ela merece ser ouvida, amada e cuidada, independentemente do que aconteceu no passado.

**Exemplo de reflexão:**
"Querida criança interior, eu sei que você se sentiu sozinha e incompreendida. Hoje, eu estou aqui para dar a você todo o amor e proteção que sempre mereceu. Eu não vou mais deixar você sozinha. Você é amada e está segura comigo. Por favor, me perdoe. Eu perdoo você!"

## 2. Carta para os seus pais

Escrever para os pais é um exercício curativo. Eles, como qualquer ser humano, estavam lidando com as próprias limitações e traumas. Muitos dos nossos conflitos internos podem ser resolvidos quando reconhecemos que nossos pais, apesar de suas falhas, fizeram o melhor que podiam com os recursos e conhecimentos que tinham.

### *Aprofundamento*

Liberar o peso das expectativas irreais em relação aos pais é um passo essencial para o perdão. Essa carta não tem o objetivo de justificar ações prejudiciais, mas sim de reconhecer que cada ser humano tem uma história própria, com dores e desafios que talvez você nunca tenha conhecido por completo. O perdão, neste contexto, não é apenas uma liberação emocional, mas uma escolha consciente de curar-se e de seguir em frente, sem o fardo do passado.

**Exemplo de reflexão:**
"Queridos pais, hoje eu entendo que nem sempre vocês souberam como me amar da maneira que eu precisava, mas também sei que vocês tinham suas próprias dificuldades e limitações. Eu escolho perdoá-los, não por vocês, mas por mim. Eu libero todas as mágoas e me permito seguir com o coração mais leve."

## 3. Carta para o seu eu adulto

Esta carta é para o seu eu adulto, sua versão que agora tem a capacidade de entender, curar e transformar a dor em poder. O seu eu adulto pode olhar para o passado com uma nova perspectiva, não mais como uma criança que reage, mas como um ser consciente que toma as rédeas da própria vida.

### *Aprofundamento*

O adulto que você se tornou pode agora dar aquilo de que sua criança interior sempre precisou: cuidado, amor, compreensão e, mais importante, a escolha de não ser mais prisioneiro das histórias do passado. Ao escrever para o seu eu adulto, você se permite validar as emoções que sentiu ao longo da vida, sem culpa nem julgamentos, apenas com aceitação e compaixão.

> **Exemplo de reflexão:**
> "Querido eu, sei que você passou por momentos difíceis e que, muitas vezes, carregou um peso enorme. Mas você já não é mais a criança que não sabia como lidar com a dor. Você é forte, capaz e merece paz. Eu estou aqui agora para protegê-lo e guiá-lo e, juntos, vamos criar um futuro sem o fardo do passado. Perdoe-me se em algum momento ignorei suas necessidades."

## 4. Carta para quem feriu você

Por fim, esta carta é para a pessoa que ativou os seus gatilhos mais profundos. A pessoa que, de alguma forma, lhe causou dor. É importante entender que, muitas vezes, quem nos feriu estava agindo com base nas próprias dores não curadas. O perdão é a libertação dessa conexão negativa, permitindo que você recupere sua energia e sua paz interior.

### *Aprofundamento*

Quando você escreve para quem o feriu, não está justificando o que aconteceu, mas liberando a raiva, a mágoa e o ressentimento que estão presos em você. Essa carta serve para dissolver o peso do rancor, criando espaço para o fluxo de energia positiva em sua vida.

> **Exemplo de reflexão:**
> "(Nome da pessoa), sei que você fez o que fez porque estava lidando com suas próprias dores e limitações. Hoje, eu escolho perdoá-lo(a), não por você, mas por mim. Eu estou liberando todas as energias negativas e estou pronto para seguir em paz. Por favor, faça o mesmo."

## Meditação guiada: integrando os pais no processo de cura

Agora que você escreveu suas cartas, vamos praticar uma visualização profunda com meditações guiadas que ajudarão você a integrar o perdão à sua vida. Para começar, encontre um lugar calmo e confortável e feche os olhos. Para a primeira meditação guiada, imagine-se em um jardim sereno, rodeado de luz e tranquilidade.

### Passo 1: a conexão com a criança interior

Imagine sua criança interior parando diante de você. Observe-a com amor e carinho e diga a ela tudo o que você escreveu na carta. Abra seus braços para abraçá-la e sinta a cura acontecer.

### Passo 2: o encontro com os pais

Visualize seus pais chegando ao seu encontro. Eles podem aparecer como figuras amorosas, ou mesmo como seus eus mais vulneráveis. Olhe nos olhos deles com compaixão, reconhecendo que cada um tem sua própria história e suas próprias feridas. Sinta o amor fluir entre vocês e diga as palavras de perdão que você escreveu para eles.

### Passo 3: o encontro com o eu adulto

Agora, visualize seu eu adulto de pé diante de você, mais forte e mais sábio. Ele está pronto para liderar a sua vida, de maneira equilibrada e consciente. Veja-se abraçando esse eu adulto, que está pronto para deixar para trás qualquer dor ou ressentimento. Repita para ele: "Eu vejo você!".

### Passo 4: o perdão coletivo

Junte sua criança interior, seu eu adulto e seus pais em um círculo de cura. Em seguida, convido você a incluir mais uma presença: aquela pessoa que mais feriu você. Pode ter sido alguém da sua família, uma amizade rompida ou um amor do passado.

Visualize essa pessoa se aproximando do círculo. Ela não está ali para se justificar nem se explicar, apenas para testemunhar a sua libertação. Você não precisa dizer nada que ainda doa, mas permita-se olhar nos olhos dessa pessoa, mesmo que apenas em sua mente, e diga: "Eu escolho me libertar dessa dor. Eu escolho seguir em paz. O que você fez não define quem eu sou".

Ao fazer isso, você não está aprovando o que aconteceu, mas se desligando do sofrimento. Você está devolvendo ao outro o que lhe pertence e se comprometendo a cuidar da sua própria luz.

O perdão não muda o passado, mas transforma o seu futuro. Ele é um presente que você se dá, uma declaração silenciosa de que você merece viver sem carregar pesos que não são mais seus.

## Meditação guiada: o encontro de perdão com quem feriu você

Para a segunda meditação guiada, encontre um lugar tranquilo. Sente-se ou deite-se confortavelmente. Feche os olhos. Inspire profundamente... e expire lentamente. Mais uma vez: inspire... e solte. Permita que cada respiração o transporte para dentro de si. Para esse espaço onde mora sua alma.

Agora, visualize-se em um campo de luz. Um lugar sagrado, seguro e cheio de amor. Nesse espaço, à sua frente, imagine um círculo de cura se formando. Para dentro dele, você convida amorosamente:

- **sua criança interior**: aquela parte de você que um dia foi ferida, rejeitada, incompreendida;
- **seu eu adulto**: a mulher ou o homem que você é hoje, com toda a sua sabedoria, sua força, sua compaixão;
- **seus pais**: estejam eles vivos ou não, próximos ou distantes, você os convida apenas como presenças energéticas, para que assistam ao seu processo de libertação.

Todos estão unidos agora, sustentados pela luz do amor, do perdão e da reconciliação. Agora, com coragem e verdade, você convida aquela pessoa que o feriu profundamente. Ela entra no círculo, sem máscaras. Você a observa sem julgamento. Ela representa uma dor real, mas você está ali para algo maior: a sua cura.

Olhe nos olhos dessa pessoa. Respire. E diga internamente, com firmeza e leveza: “Eu reconheço a dor que você causou em mim. Por muito tempo, carreguei essa ferida como se ela fosse parte de quem eu sou. Mas hoje eu escolho me libertar. Eu escolho soltar a mágoa, a raiva, o ressentimento. Eles não me pertencem mais. O que você fez não define quem eu sou. Eu sou luz. Eu sou amor. Eu sou livre. Eu perdoo você. Não pelo que você fez, mas porque eu mereço viver em paz”.

Respire profundamente. Sinta essa energia se expandindo no círculo. Veja sua criança interior sorrindo aliviada. Seu eu adulto, mais leve. E até seus pais sendo curados, de algum modo, por esse gesto seu.

Agora, veja essa pessoa que você perdoou se afastar lentamente, envolta por uma luz dourada. Ela vai embora, e, no lugar dela, entra a energia da paz, da abundância e do amor. Essa energia é sua. Você a criou.

Fique mais alguns instantes sentindo essa libertação. Esse espaço novo que se abriu dentro de você. Quando estiver pronto, vá voltando devagar. Movimente o corpo suavemente. Respire fundo. Abra os olhos.

* * *

Você acaba de dar um dos passos mais poderosos da sua jornada: o perdão como um ato de amor-próprio e libertação. A seguir, você poderá avançar mais alguns passos ao criar a sua mensagem de vencedor.

CAPÍTULO 8

# Terceiro passo: imagem de vencedor

"Torna-te quem tu és."
***Píndaro***[34]

A **imagem que criamos de nós mesmos é o pilar da nossa autoestima** e o alicerce para tudo o que vivemos. É ela que determina o valor do nosso salário, a qualidade dos nossos relacionamentos amorosos, a nossa saúde e até mesmo as oportunidades que atraímos ou deixamos passar.

Assim, a autoestima é como um filtro que colore todas as nossas escolhas. Com uma autoestima elevada, tomamos decisões que enriquecem a nossa vida, nos aproximamos de nossos sonhos e cultivamos relações saudáveis. Já com uma autoestima baixa, nos afastamos do que realmente merecemos, limitamos nosso crescimento e, muitas vezes, aceitamos menos do que a vida pode nos oferecer.

A **imagem de vencedor**, então, não é apenas um conceito, mas uma força poderosa. Ela é construída diariamente, com base nas crenças que carregamos e nas histórias que contamos a nós mesmos sobre quem somos. Quando acreditamos no nosso valor, começamos a atrair aquilo que está em sintonia com nossa visão de merecimento. Por outro lado, quando essa imagem está enfraquecida, nossas escolhas e resultados refletem esse desequilíbrio.

Neste capítulo, vamos explorar como sua imagem interior tem influenciado suas escolhas e como fortalecer sua autoestima para que ela se alinhe à sua versão mais confiante e poderosa. Porque a verdade é que o que você colhe na vida é, inevitavelmente, fruto direto daquilo que acredita merecer. Está pronto para reconstruir sua imagem de vencedor?

**Para ser um vencedor, é preciso autoestima**, e ela está intimamente ligada ao sentimento de merecimento. Pessoas com autoestima elevada se percebem como merecedoras de amor, respeito e sucesso. Essa percepção não apenas molda suas relações interpessoais, mas também impacta profundamente suas escolhas de vida e realizações. No entanto, quando a

---

[34] CARRASCO, B. Torna-te quem tu és. **Ex-isto**, 15 dez. 2020. Disponível em: www.ex-isto.com/2020/12/tornar-se-nietzsche.html. Acesso em: 14 jun. 2025.

autoestima é baixa, o ciclo negativo se instala, criando um padrão que perpetua a sensação de desvalor.

A baixa autoestima não é um estado permanente; ela é criada e alimentada por experiências repetidas de rejeição, críticas ou negligência. Quando uma criança cresce ouvindo palavras de desaprovação ou sendo constantemente cobrada, começa a internalizar essas mensagens negativas. Com o tempo, essas experiências formam uma autoimagem distorcida, levando-a a duvidar de seu valor e de seu merecimento.

Esse ciclo pode se prolongar para a vida adulta, quando as crenças formadas na infância continuam a influenciar nossas ações, relações e visão de mundo. Comparações constantes, autossabotagem e inseguranças se tornam padrões, reforçando a ideia de que não somos merecedores de felicidade e realização.

## Como se desenvolve a baixa autoestima

A psicanálise, especialmente nas teorias de Sigmund Freud e Donald Winnicott, sugere que a autoestima começa a ser moldada na primeira infância, quando a criança busca validação e amor dos cuidadores. Winnicott introduziu o conceito de "falso *self*", que surge quando a criança aprende a esconder suas necessidades e emoções para agradar aos outros, resultando em uma desconexão de sua essência verdadeira. Essa adaptação precoce pode gerar uma sensação persistente de inadequação e desvalorização.[35]

Do ponto de vista da neurociência, a baixa autoestima está associada a alterações nas redes neurais que regulam emoções e autocontrole. O córtex pré-frontal, responsável pelo julgamento e pelas tomadas de decisão, pode ser menos ativo em pessoas com baixa autoestima, enquanto a amígdala, associada ao medo e à ansiedade, pode estar hiperativa. Essa dinâmica cria um padrão de pensamento negativo e reações emocionais exageradas.[36]

A falta de autoestima não é apenas um reflexo de experiências negativas, mas uma resposta do cérebro a essas vivências. Desde a infância, somos moldados por mensagens externas e internas que reforçam ou minam nossa percepção de valor. As experiências de rejeição, críticas constantes ou a ausência de reconhecimento afetam profundamente o desenvolvimento da autoestima, gerando um ciclo de insegurança que persiste na vida adulta.

---

[35] WINNICOTT, D. **Processos de amadurecimento e ambiente facilitador.** São Paulo: WMF Martins Fontes, 2022.

[36] FREIRE, T.; TAVARES, D. Influência da autoestima, da regulação emocional e do gênero no bem-estar subjetivo e psicológico de adolescentes. **Revista de Psiquiatria Clínica**, v. 38, n. 5, p. 184-188, 2011.

Os relacionamentos – amorosos ou não – frequentemente atraídos por pessoas com baixa autoestima tendem a ser desequilibrados, pois elas aceitam menos do que merecem. Afinal, o cérebro delas se tornou condicionado a buscar aprovação externa, ativando mecanismos de sobrevivência que priorizam a aceitação em vez do bem-estar emocional.

Já no que diz respeito à saúde emocional, a relação com a autoestima é evidente. Condições como ansiedade e depressão são amplificadas pela hiperatividade da amígdala, enquanto a autossabotagem surge da falta de ativação do córtex pré-frontal, que é responsável pelo planejamento e controle das emoções. A sensação de constante inadequação pode, assim, tornar-se um ciclo autossustentável.[37]

Por último, no campo profissional, essa desconexão entre valor pessoal e autoestima resulta em dificuldades para se promover, cobrar por seus serviços ou assumir posições de destaque. O cérebro condiciona a pessoa a evitar riscos, reforçando crenças de incapacidade e medo do fracasso.

Essa integração de conceitos psicanalíticos e neurocientíficos enriquece a narrativa, aprofundando o impacto da autoestima em diferentes áreas da vida.

## A ciência por trás da autoestima: o impacto na vida e no bem-estar

Estudos científicos comprovam que a autoestima não é apenas questão de "sentir-se bem", ela exerce um impacto profundo em várias áreas da vida. Pesquisas da psicologia positiva, como as conduzidas por Martin Seligman,[38] mostram que pessoas que estão bem consigo mesmas tendem a ser mais resilientes, a ter maior bem-estar emocional e melhor qualidade de vida. Elas enfrentam desafios com mais confiança e são mais propensas a persistir em seus objetivos, o que as coloca em um caminho de sucesso pessoal e profissional.[39]

A neurociência já demonstrou que o cérebro pode ser moldado por nossas emoções e crenças. Estudos sobre autorregulação emocional indicam

[37] KENWOOD, M. M.; KALIN, N. H.; BARBAS, H. The Prefrontal Cortex, Pathological Anxiety, And Anxiety Disorders. **Neuropsychopharmacology**, v. 47, n. 1, p. 260–275, 2022.

[38] SELIGMAN, M. **Flourish**. Boston: Nicholas Brealey Publishing, 2011.
SELIGMAN, M. **Learned Optimism**. Nova York: Random House, 2006.

[39] VANBUSKIRK, S. Why It's Important to Have High Self-Esteem. **Vert Well Mind**, 21 mar. 2025. Disponível em: www.verywellmind.com/why-it-s-important-to-have-high-self-esteem-5094127. Acesso em: 14 jun. 2025.

que pessoas com autoestima mais elevada tendem a lidar melhor com situações de estresse e pressão.[40] Isso ocorre porque elas ativam com mais facilidade regiões do cérebro responsáveis pelo controle emocional, como o córtex pré-frontal, o que ajuda a reduzir a reatividade da amígdala, área ligada à ansiedade e ao medo.[41]

Isso significa que, ao desenvolver uma autoestima mais saudável, você não apenas se sente melhor consigo mesmo, como também treina seu cérebro para agir com mais clareza, equilíbrio e propósito diante dos desafios da vida.

Além disso, segundo uma pesquisa publicada no *American Psychologist*, ter autoestima elevada está diretamente ligado a um bem-estar mental mais positivo, maior resiliência e melhores estratégias de enfrentamento emocional.[42] Pessoas com autoestima saudável têm mais clareza de seus limites, tomam decisões mais alinhadas a seus valores e não se deixam dominar por dúvidas, culpa ou autossabotagem. Elas tendem a cultivar relações mais saudáveis porque reconhecem seu valor e sabem o que merecem.

## Criando a imagem de vencedor: a força da autoestima

Criar uma imagem de vencedor não envolve apenas se sentir bem consigo mesmo; também ativa um ciclo de positividade e sucesso em sua vida. Ao trabalhar a autoestima, você está, na verdade, treinando o cérebro e o corpo para acreditar em sua capacidade de alcançar objetivos e superar obstáculos. Cada pequena conquista que você celebra fortalece essa imagem de vencedor e gera uma confiança interna que se reflete em suas ações diárias.

Quando você se vê como uma pessoa capaz e competente, sua mente se torna mais propensa a buscar soluções e a tomar decisões alinhadas a seus objetivos, em vez de se prender a crenças limitantes. Isso significa que o fortalecimento da autoestima não é um processo superficial, mas uma ferramenta poderosa para transformar sua realidade.

---

[40] ASHFAQ, S.; PANDEY, N. Correlation Between Stress, Self-Esteem, And Anxiety in Young Adults. **International Journal of Novel Research and Development**, v. 9, n. 7, p. 488–503, jul. 2024.

[41] KLACKL, J.; JONAS, E.; KRONBICHLER, M. Existential Neuroscience: Self-Esteem Moderates Neuronal Responses to Mortality-Related Stimuli. **Social Cognitive and Affective Neuroscience**, v. 9, n. 11, p. 1754–1761, 2014.

[42] ORTH, U.; ROBINS, R. W. Is High Self-Esteem Beneficial? Revisiting A Classic Question. **The American Psychologist**, v. 77, n. 1, p. 5–17, 2022.

**QUANDO ACREDITAMOS NO NOSSO VALOR, COMEÇAMOS A ATRAIR AQUILO QUE ESTÁ EM SINTONIA COM NOSSA VISÃO DE MERECIMENTO.**

ENCONTRE O EXTRAORDINÁRIO EM MEIO ÀS CICATRIZES
@fermachadooficial

Toda transformação começa com um ato de coragem: imaginar uma nova versão de si.

Muitas vezes, o que nos impede de avançar não são os obstáculos do mundo externo, e sim as imagens silenciosas que projetamos dentro da mente; imagens distorcidas, moldadas por traumas, medos e limitações aprendidas.

Essas imagens não são quem você é. São apenas reflexos do que você acreditou ser por tanto tempo. A boa notícia? Você pode mudá-las. Pode reconstruir sua autoimagem por meio de um novo olhar, com consciência, intenção e amor.

A mente humana é um campo fértil de criação. Tudo o que você manifesta na sua vida começa com uma imagem interna. Mas, para que seus sonhos se tornem realidade, é preciso alinhar a visão que você tem de si mesmo com a versão que deseja viver.

Se você tem um sonho, e eu sei que tem, é porque existe uma versão sua que já está pronta para vivê-lo. O que talvez tenha faltado até agora foi reconhecer quem você precisa ser para que isso aconteça. Pergunte a si mesmo, com honestidade: "Quem eu estou disposto a me tornar para viver esse sonho?", "Como seria me olhar no espelho e enxergar uma pessoa plenamente realizada?".

Não são perguntas simples, e elas têm muito poder, pois são o ponto de partida da sua nova jornada: a jornada da imagem de vencedor. Você não é o que aconteceu com você. Você é o que escolhe ser a partir de agora.

Tudo começa na mente. A cada pensamento, a mente gera uma imagem. Essas imagens, mesmo que invisíveis, moldam decisões, comportamentos e resultados. Assim, a imagem de vencedor não é apenas uma fantasia positiva: é um código interno que informa ao seu subconsciente quem você realmente é. E como seu subconsciente não sabe distinguir o que é real do que é imaginado com intensidade emocional, quando você repete, sente e incorpora essa nova imagem, reprograma suas crenças e seus comportamentos. É assim que a transformação acontece: de dentro para fora.

Muita gente lê isso e diz: "Eu já sei disso", mas continua vivendo os mesmos resultados. Por quê?

Porque saber não é suficiente. É preciso sentir, acreditar e viver a nova imagem com consistência, pois a maneira como você se vê molda, todos os dias, o modo como você se comporta, se posiciona e o que se permite receber da vida. É por isso que muitas pessoas, mesmo com grandes sonhos, continuam colhendo resultados pequenos: porque ainda carregam, dentro de si, uma imagem incompatível com aquilo que desejam viver.

Lembra que o subconsciente comanda a maior parte das nossas ações? Ele é um sistema de navegação silencioso, sempre nos levando para onde acredita que pertencemos. Ele não responde ao que queremos, e sim ao que acreditamos profundamente ser.

Por isso, não basta repetir frases bonitas. É preciso cultivar, com prática e emoção, a imagem de quem você está se tornando. Uma imagem forte. Clara. Conectada ao seu verdadeiro valor. Porque quando a sua autoimagem não sustenta seus desejos, a sabotagem aparece, mas quando a sua imagem interior está alinhada à sua essência, o Universo conspira a seu favor.

Imagine que sua vida é um avião com destino ao seu sonho. Se o piloto automático estiver programado para levá-lo de volta aos velhos padrões, toda vez que você tentar mudar de rota, algo dentro de você – sem que você perceba – vai puxá-lo de volta. Esse algo é a sua autoimagem. Ela funciona como um termostato emocional: sempre buscando manter você no nível que acredita ser o seu normal. Por isso, mudanças temporárias não bastam. É preciso mudar o centro de comando: o lugar dentro de você que define quem você é.

Isso só acontece quando você decide conscientemente cultivar a imagem da pessoa que já vive o que você deseja. Você não precisa se culpar por nada do que viveu até aqui, mas pode e deve assumir a autoria do que vem a partir de agora, pois a autoimagem é construída com intenção. Com repetição. Com visão.

Comece hoje a se perguntar:

- Como pensa uma pessoa realizada?
- Como ela se sente? Como age? Como fala consigo mesma?

Escolha um novo padrão, uma nova referência interna, e pratique. Porque aquilo que você pratica com o coração um dia se torna a sua nova natureza. Você nasceu para viver como a sua melhor versão. E essa jornada começa agora.

## Como Marina manifestou seu marido com a imagem de vencedora

Marina, aos 29 anos, era uma mulher linda, inteligente e bem-sucedida profissionalmente, mas extremamente tímida. Nunca havia namorado, apesar de ter muitos admiradores. Sua timidez parecia ser uma barreira intransponível que a impedia de se conectar emocionalmente a outras pessoas.

Quando começou a mentoria comigo, nosso foco era entender as raízes dessa timidez. Durante uma de nossas sessões, ela revelou algo profundamente marcante: na infância, sempre era corrigida pelo pai. Ele frequentemente repetia, antes de qualquer visita: "Não falem nada e não incomodem ninguém". Essas palavras se enraizaram no subconsciente de Marina, levando-a a acreditar que ser discreta, invisível e evitar qualquer tipo de atenção era a maneira correta de se comportar.

Esse padrão de comportamento ficou tão gravado que, na vida adulta, Marina sentia medo de se comunicar e de ser percebida. Ela cresceu acreditando que o melhor era não incomodar. Seu subconsciente, por meio das experiências repetitivas de correção e repressão emocional na infância, passou a associar interações sociais a perigo, rejeição e inadequação.

Quando Marina se via em situações sociais desafiadoras, suas emoções reagiam como se ela estivesse sob ataque. Isso desencadeava sintomas como batimentos cardíacos acelerados, sudorese e, principalmente, o impulso de evitar qualquer interação. Era uma resposta automática, baseada em experiências passadas, mas inadequada para o presente.

Durante nosso trabalho, uma das metas foi ensinar Marina a desativar essa resposta automática e ativar o córtex pré-frontal, responsável pelas tomadas de decisão racional e pela capacidade de se autorregular emocionalmente. Ao usar técnicas como meditações, visualizações e afirmações positivas, Marina estava, de maneira prática, treinando o cérebro a reinterpretar essas situações.

Com o tempo, seu córtex pré-frontal começou a assumir o controle, reprogramando a percepção de interações sociais como oportunidades em vez de ameaças. Essa mudança gradual permitiu que Marina se tornasse mais aberta e confiante, facilitando não apenas conversas no trabalho, mas também encontros significativos que antes seriam evitados.

Durante nossas sessões de mentoria, um dos primeiros passos foi trabalhar na desconstrução dessas crenças. Propus a ela que identificasse mulheres que admirava, principalmente aquelas em relacionamentos saudáveis e felizes. Marina listou essas mulheres e começou a se visualizar com as mesmas qualidades delas. Isso foi o início da criação da "imagem da vencedora".

Em seguida, ela foi guiada a escrever suas limitações e, ao lado de cada uma, o oposto positivo dessas características. Com essa base, criou afirmações que representavam sua nova imagem, lendo-as diariamente em frente ao espelho, pela manhã e antes de dormir. Um fator muito importante que ajudou Marina foi a prática da meditação. No começo, ela achou o exercício bobo, mas persistiu.

Com o tempo, ela começou a notar mudanças sutis: estava mais aberta e sorridente com os homens no trabalho. Sua energia mudou. Até que, durante uma festa da empresa, onde antes se limitava a ficar sentada, foi vista dançando com alegria. Um colega de outro setor se aproximou para conversar, algo que provavelmente não teria acontecido no passado. Esse encontro foi o início de uma história de amor. Um ano depois, Marina se casou com ele; e hoje ela reconhece que, sem o processo de construir sua imagem de vencedora, talvez jamais tivesse se permitido vivenciar um amor tão profundo.

Marina se sente grata por ter enfrentado suas limitações e construído sua nova identidade. Ela mesma afirma: "Se eu não tivesse reconhecido minhas crenças limitantes e trabalhado nas qualidades que queria desenvolver, não estaria casada hoje com o meu grande amor".

Marina cresceu em um ambiente onde o silêncio era sinônimo de segurança. Seu pai, preocupado em manter a ordem, ensinou, sem querer, que falar ou se destacar era um risco. Essa mensagem ficou gravada no subconsciente de Marina, tornando-se uma barreira invisível na vida adulta. Quando conversamos pela primeira vez, Marina não conseguia entender por que, apesar de ser inteligente, bonita e bem-sucedida, sentia-se incapaz de se conectar a outras pessoas, especialmente em relacionamentos amorosos. Contudo, conseguimos localizar a origem dessa sensação e trabalhar em cima disso.

E você? Já se perguntou o que lhe impede de viver plenamente?

Pense por um instante: o que está limitando suas conquistas? Pode ser o medo de pedir um aumento, a sensação de estar preso em um relacionamento tóxico ou até a vontade reprimida de mudar de país. Qual é o "programa invisível" rodando na sua mente que faz você acreditar que não merece mais? O que você poderia alcançar se começasse hoje a construir sua própria imagem de vencedor? Quais pequenas ações você pode adotar para desafiar essas crenças limitantes?

Marina não apenas transformou sua vida; ela tomou a decisão consciente de agir. A chave para essa mudança foi entender que a sua imagem de vencedora não seria construída da noite para o dia, mas por meio de ações consistentes. O que ela fez, e que você também pode fazer, foi dar um passo de cada vez, reafirmando diariamente seu valor e se comportando como a pessoa que desejava ser.

Agora, chegou a sua vez. **Está pronto para colocar as mãos na massa e construir a sua própria imagem de vencedor?** Não importa onde você está hoje; o que importa é para onde você quer ir. Vamos começar! Aqui estão algumas práticas poderosas para guiá-lo nesse processo transformador.

## Criando sua imagem de vencedor

Para realmente transformar sua vida, é preciso começar a se conectar com a sua melhor versão, a versão vencedora que já está dentro de você, esperando para ser reconhecida. Neste capítulo, você será guiado por um exercício profundo que o ajudará a ativar sua imagem de vencedor e a manifestar as qualidades que deseja incorporar à sua vida.

Aqui, o processo envolve três ferramentas poderosas do Método SOL: **meditação, gratidão** e **afirmação e autossugestão.** Usaremos esses recursos para ativar a mudança de dentro para fora, de maneira prática e transformadora.

Antes de mergulharmos na criação da sua imagem de vencedor, é importante entender o impacto profundo que uma autoestima elevada pode ter em sua vida. Quando você se vê com respeito e valor, não apenas seu estado emocional melhora, mas sua saúde física também é beneficiada.

### Passo 1: identifique e admire

Liste cinco pessoas que você admira profundamente e, ao lado de cada nome, escreva a qualidade específica que lhe inspira.

Em seguida, pergunte-se: "Essas qualidades já existem em mim de alguma maneira?". Se a resposta for não, visualize como seria incorporar essas características ao seu cotidiano.

### Passo 2: confronte suas limitações

Pegue duas folhas e, em uma delas, escreva uma lista com cinco crenças ou características limitantes que você sente que o atrapalham. Ao lado de cada uma, escreva uma afirmação positiva e empoderadora. Por exemplo:

"Sou inseguro" → "Confio em mim e sou capaz de enfrentar desafios com confiança."

Em outra folha, anote apenas as afirmações positivas e empoderadoras. Guarde essa lista.

### Passo 3: liberte-se

Pegue a lista de crenças limitantes e queime-a (ou rasgue, se preferir). Sinta que está deixando para trás tudo o que não lhe serve mais. Enquanto faz isso, diga em voz alta: "Eu liberto o que não me define e abraço minha verdadeira essência".

### Passo 4: afirme e agradeça

Leia em voz alta as afirmações positivas do passo 2 enquanto se olha no espelho todos os dias, pela manhã e à noite. Então, acrescente à lista cinco coisas sobre si mesmo pelas quais você é grato – pode ser sua aparência física, qualidades pessoais ou intelectuais.

### Passo 5: autossugestão

Ao longo dos próximos dias, escreva uma lista de ações que você pode tomar para incorporar as afirmações positivas que repete diariamente. Pequenos passos são válidos! Então, conclua cada dia com uma reflexão, que servirá como reforço positivo para sua mente, para que você siga realizando as ações que lhe deixam mais próximo de quem você quer ser: "Como me aproximei da minha imagem de vencedor hoje?".

## Sua transformação começa de dentro para fora

Sua autoimagem é o lembrete diário de quem você é e de quem será. Ao investir em si mesmo, pouco a pouco você começará a perceber o impacto desse trabalho em seus relacionamentos e em todas as áreas da sua vida. As pessoas ao seu redor passarão a valorizá-lo mais, mas a verdadeira mudança acontece quando você passa a se ver com mais respeito e dignidade, criando uma base sólida para se relacionar de modo mais autêntico com o mundo.

Assim, sua nova autoimagem será seu alicerce. Ela permitirá que você mude sua mentalidade sem a necessidade de se comparar com o mundo. Quando você começa a se autovalorizar, começa a ver a si mesmo com mais clareza. O que sempre esteve dentro de você, mas estava ofuscado por crenças limitantes e inseguranças, começa a surgir. O subconsciente, como sabemos, não distingue entre o que é real e o que é imaginado. Ele aceita tudo o que você coloca dentro dele. Ao focar a repetição diária de sua nova autoimagem, você reprograma sua mente, moldando-se na versão de si mesmo que deseja ser. Com isso, a verdadeira transformação começa.

No início, as mudanças podem parecer sutis, mas, à medida que você trabalha sua imagem de vencedor, os resultados começam a aparecer. Seus pensamentos se tornam mais positivos; e seus comportamentos, mais confiantes. Seu olhar sobre o mundo e sobre si mesmo se transforma, e isso se reflete nas suas ações e interações com os outros.

**MUDANÇAS TEMPORÁRIAS NÃO BASTAM. É PRECISO MUDAR O CENTRO DE COMANDO: O LUGAR DENTRO DE VOCÊ QUE DEFINE QUEM VOCÊ É.**

ENCONTRE O EXTRAORDINÁRIO EM MEIO ÀS CICATRIZES
@fermachadooficial

Ao realizar a prática do passo 4, por exemplo, sendo gentil consigo mesmo diante do espelho, talvez você já passe, desde a primeira vez, a se olhar com mais carinho e compaixão, começando a se amar verdadeiramente. Esse é o primeiro passo para sua transformação real. Quando você começa a se amar e se valorizar, cria o espaço necessário para que sua vida se alinhe aos seus sonhos mais profundos.

CAPÍTULO 9

# Quarto passo: meditação

"A liberdade virá se você meditar todos os dias e fortalecer a força de vontade. Foi você quem criou a prisão. Você forjou as barras e, portanto, é você quem precisa rompê-las."

***Yogananda***[43]

**Este capítulo não trata apenas da meditação como prática,** mas também de como ela pode ser o ponto de virada nos momentos de maior dor. E é exatamente isto que desejo compartilhar: como, em meio ao colapso da minha vida, essa ferramenta foi a luz que me guiou de volta para quem eu realmente sou.

Quando tudo desmorona ao nosso redor, é como se a vida nos colocasse diante de um espelho quebrado, refletindo fragmentos de quem somos e de quem fomos. Foi exatamente assim que me senti no dia em que virei a chave da minha loja pela última vez. Cada volta da fechadura parecia ecoar o encerramento de uma fase inteira da minha vida. Eu não estava apenas fechando as portas de um negócio; estava fechando as portas de sonhos, planos e de uma identidade que, até aquele momento, definiam quem eu era.

A falência financeira foi apenas o início do colapso. Acompanhado dessa perda, vieram a separação e a traição de uma amiga que, até então, eu considerava parte da família. Em poucos meses, vi meu ciclo social se desfazer e minha estabilidade financeira se esvair. Eu estava perdida, desorientada, sem saber qual seria meu próximo passo. Naquele dia, ao trancar a loja, eu não sabia que estava prestes a dar início à maior transformação da minha vida. Enquanto minha mente gritava em desespero, algo mais profundo e sereno surgiu: uma voz clara e firme que dizia: "Agora você vai meditar".

Não era uma sugestão. Era uma ordem. E, pela primeira vez em muito tempo, eu não resisti. Sem saber como, sem entender por que, sentei-me ali mesmo, em meio ao caos interno, e comecei a respirar. Naquele momento, eu não sabia que estava plantando a semente que transformaria cada aspecto da minha existência.

Essa voz interior foi o primeiro sinal de que algo dentro de mim ainda acreditava na possibilidade de recomeçar. Era o início de uma jornada

---

[43] YOGANANDA, P. **O romance com Deus.** Califórnia: Self-Realization Fellowship, 2013.

silenciosa, na qual, mesmo sem orientação, eu encontraria forças para me levantar, respirar e, por fim, florescer de novo. No início, a meditação era apenas um refúgio em meio ao turbilhão. Eu não sabia como, nem por onde começar, mas a necessidade de silenciar a dor me guiava. Sem técnicas, sem instruções, apenas me sentei, fechei os olhos e respirei. Foi nesse ato aparentemente simples que, pela primeira vez, comecei a me encontrar.

A prática cresceu dentro de mim como uma semente que brota no terreno mais árido. Cada sessão de meditação, mesmo sem estrutura, trazia um pouco mais de paz. Era como se eu estivesse limpando camadas de dor, mágoa e frustração. Quanto mais eu mergulhava nesse silêncio, mais clara ficava a voz da minha alma, me mostrando que o fim da loja não era o fim do meu caminho, mas o início de uma nova jornada.

Após começar a meditar intuitivamente, minha busca por respostas me levou a práticas mais profundas, como a Meditação do Som Primordial, ensinada pelo dr. Deepak Chopra. A ideia de um mantra pessoal, que refletia a vibração do Universo no momento do meu nascimento, despertou em mim uma sensação única de pertencimento. Era como se eu estivesse tocando uma corda ancestral dentro de mim, criando uma conexão que nunca havia experimentado antes.

Enquanto mergulhava na prática, eu não apenas encontrava calma; sentia que estava reprogramando minha mente. A cada sessão, camadas de velhas crenças se desfaziam, abrindo espaço para novas possibilidades. Meu propósito começou a emergir com clareza: eu estava ali para servir, ensinar e curar. Essa transformação me impulsionou a buscar mais.

Foi em meio a esse anseio que decidi viajar para a Índia e, em seguida, para a Tailândia. Na Índia, fui acolhida pela sabedoria ancestral e pela energia vibrante do lugar. A prática intensiva de meditação me ensinou algo grandioso: o sofrimento não é uma condenação, mas um chamado ao despertar. Encontrei mestres que me mostraram que acolher a dor é essencial para a cura.

A grande prova da minha jornada, no entanto, aconteceu na Tailândia, onde passei sete dias em completo silêncio em um mosteiro budista. Sem palavras para me proteger, fui forçada a confrontar emoções que estavam enterradas. O silêncio, que inicialmente pensei ser desconfortável, tornou-se meu mestre. Aprendi que, ao silenciar o mundo ao meu redor, as respostas que sempre estiveram dentro de mim começaram a emergir. Uma das coisas que isso me revelou foi o valor do presente; as pequenas coisas, como ouvir o canto dos pássaros ou sentir o calor do sol na pele, tornaram-se preciosas.

No mosteiro, encontrei outros participantes que, como eu, estavam tentando se reconectar. Conheci um homem que havia perdido um ente querido e, ao final dos sete dias, compartilhou como o silêncio o ajudara a processar a dor. Ele agradeceu a nós, dizendo que a experiência tinha sido transformadora, ao mostrar a ele a importância de dar voz ao nosso interior em momentos de solidão.

Essas experiências moldaram o meu ser. Entendi que, por trás do sofrimento, existe uma bênção escondida à espera de ser reconhecida. A Meditação do Som Primordial foi a semente desse despertar, e o silêncio na Tailândia consolidou minha evolução. Com essas ferramentas em mãos, senti-me pronta para reescrever minha história e compartilhar esse conhecimento com o mundo.

Por isso, caro leitor, não subestime o poder da meditação. Neste capítulo, vou lhe ensinar a reservar alguns minutos do seu dia para se conectar com seu eu interior. Assim como foi para mim, pode ser o primeiro passo para uma transformação significativa para você.

Após vivenciar a profunda transformação proporcionada pela meditação, senti um chamado irresistível, como se uma força maior me guiasse. Aquela prática, antes uma ferramenta pessoal de cura e autoconhecimento, revelou-se um caminho que eu sabia que outras pessoas precisavam trilhar. Foi nesse momento de clareza que decidi me certificar como professora dessa técnica, determinada a levar esse ensinamento adiante.

O processo de ensinar meditação foi uma experiência reveladora. A cada novo aluno, eu via nos olhos deles o mesmo desejo de conexão, cura e paz que um dia me levou a iniciar minha jornada. Lembro-me de uma aluna em específico que entrou na sala com um peso visível em seu olhar. Ao final da primeira sessão, com os olhos brilhando e um sorriso tímido no rosto, ela compartilhou como se sentia "renascida". Essa transformação, que presenciei repetidamente, me lembrou do poder que essa prática tem: de fazer as pessoas liberarem traumas antigos, enfrentarem seus medos mais profundos e se reconectarem com a própria essência.

A meditação não é apenas uma prática; é uma porta de entrada para uma vida transformada. Muitos alunos que, assim como eu, tinham a sensação de que "tinham tudo", mas se sentiam vazios, descobriram que a alegria e o propósito não estavam fora deles, mas dentro. A meditação revelou um profundo reconhecimento: seus sonhos, sua missão de vida, seu *dharma*. Era como se, gradualmente, eles se lembrassem do que importava, alinhando a própria vida com o que sempre esteve adormecido no coração.

Essas vivências moldaram minha missão. Eu estava ali para guiar essas pessoas, para ser um canal de transformação, oferecendo a mesma luz que um dia me guiou na escuridão. A prática de ensinar tornou-se uma extensão da minha própria cura; cada jornada compartilhada me fortalecia ainda mais. Ao olhar nos olhos de meus alunos, percebo que a meditação já não é apenas uma prática: é um convite para voltarmos para casa, para reencontrarmos nossa essência e vivermos plenamente, em harmonia com nosso propósito.

## A meditação no Método SOL: a chave para a transformação pessoal

Você está buscando algo maior na vida? Deseja um novo começo? Está enfrentando uma transição ou busca um despertar espiritual? Se sim, a meditação pode ser a solução que você procura. Além de ser uma prática milenar, ela é uma ferramenta poderosa de transformação. No Método SOL, a meditação ocupa um lugar central, alinhando mente, corpo e espírito ao seu propósito maior.

Se você busca clareza, saúde emocional ou um sentido mais profundo na vida, a meditação pode abrir essa porta. Independentemente de onde você se encontra em sua jornada, a meditação oferece um caminho para a transformação real. Ela permite que você ultrapasse crenças limitantes, ative sua intuição e se conecte com o fluxo natural do Universo. Com a prática regular, você pode reduzir o estresse, a ansiedade e a depressão, criando um espaço interno de paz e harmonia, pois a meditação é a técnica que reprograma sua vida para novos resultados, ajudando você a alcançar a transformação que busca. É hora de se conectar com seu verdadeiro potencial e transformar sua realidade!

Diversos estudos científicos comprovam os benefícios da meditação para a saúde mental e física.[44] A prática regular tem mostrado resultados

---

[44] 6 MONTHS of Meditation Training Significantly Reduces Cortisol Secretion and Systemic Stress. **Global Wellness Institute**, 28 jan. 2022. Disponível em: https://globalwellnessinstitute.org/global-wellness-institute-blog/2022/01/28/6-months-of-meditation-training-significantly-reduces-cortisol-secretion-and-systemic-stress/. Acesso em: 18 jun. 2025.

TURAKITWANAKAN, W.; MEKSEEPRALARD, C.; BUSARAKUMTRAGUL, P. Effects of Mindfulness Meditation on Serum Cortisol of Medical Students: **Journal of the Medical Association of Thailand**, v. 96 Suppl 1, p. S90-5, 2013.

CARCIA-RAMIREZ, E. Meditation Techniques Associated with Lower Cortisol Levels for At-Risk Populations. **Concussion Aliance**, 21 dez. 2024. Disponível em: www.concussionalliance.org/blog/meditation-techniques-associated-with-lower-cortisol-levels-for-at-risk-populations. Acesso em: 18 jun. 2025.

RUDY, M. Anti-aging Benefits Linked to One Surprising Health Habit. **New York Post**, 16 abr. 2025. Disponível em: nypost.com/2025/04/16/health/anti-aging-benefits-linked-to-one-surprising-health-habit/. Acesso em: 18 jun. 2025.

significativos, como a redução do cortisol (o hormônio do estresse), o aumento da atividade nas áreas do cérebro associadas à compaixão e à empatia e até mesmo a melhora na função imunológica.[45] A prática da meditação não só acalma a mente, como também promove transformações profundas no cérebro.

Um estudo conduzido pela neurocientista Sara Lazar, da Harvard Medical School e do Hospital Geral de Massachusetts, revelou que a meditação pode rejuvenescer o cérebro, aumentando a densidade da massa cinzenta em áreas relacionadas à memória, aprendizado e autorregulação emocional. A pesquisa também identificou um aumento na espessura do córtex cerebral, uma região fundamental para o pensamento crítico, controle emocional e tomadas de decisão.[46]

Isso sugere que a meditação pode desacelerar os efeitos do envelhecimento e aumentar a densidade da massa cinzenta no hipocampo (associado à memória e ao aprendizado) e no córtex cingulado posterior, responsável pela autorregulação emocional e introspecção. O estudo revelou que meditadores regulares apresentam cérebros mais jovens e resilientes, com características similares aos de pessoas mais jovens em até vinte e cinco anos, sugerindo um rejuvenescimento cerebral.

Não foi apenas Lazar que chegou a esse resultado, pesquisadores da UCLA verificaram que indivíduos que praticam meditação regularmente têm maior preservação da massa cinzenta em comparação àqueles que não meditam, mesmo em idades mais avançadas.[47] E Judson Brewer, da Brown University, evidenciou que a meditação atua em áreas do cérebro relacionadas ao autocontrole, auxiliando na luta contra compulsões e vícios.[48]

Além disso, um estudo publicado na *Frontiers in Psychology* descobriu que apenas oito semanas de prática de *mindfulness* são suficientes para reduzir significativamente os níveis de estresse e melhorar a capacidade de

---

[45] MADESON, M. 5 Benefits of Compassion Meditation for Wellbeing. **PositivePsychology.com**, 18 abr. 2025. Disponível em: https://positivepsychology.com/compassion-meditation/. Acesso em: 18 jun. 2025.

[46] LAZAR, S. W. *et al.* Meditation Experience Is Associated with Increased Cortical Thickness. **Neuroreport**, v. 16, n. 17, p. 1893–1897, 2005.

[47] WHEELER, M. Forever Young: Meditation Might Slow the Age-Related Loof Of Gray Matter in the Brain, Say UCLA Researchers. **UCLA Newsroom**, 5 fev. 2015. Disponível em: https://newsroom.ucla.edu/releases/forever-young-meditation-might-slow-the-age-related-loss-of-gray-matter-in-the-brain-say-ucla-researchers. Acesso em: 18 jun. 2025.

[48] BREWER, J. Mindfulness Training for Addictions: Has Neuroscience Revealed a Brain Hack by Which Awareness Subverts the Addictive Process? **Current Opinion in Psychology**, v. 28, p. 198–203, 2019.

foco.[49] Já outra pesquisa da Universidade da Califórnia apontou que a meditação regular pode aumentar a produção de telomerase, enzima responsável por retardar o envelhecimento celular, destacando seus benefícios no nível físico.[50] Grupos de meditação em contextos experimentais também mostraram benefícios coletivos: aumento da empatia e da conexão interpessoal, além de maior regulação emocional em ambientes de alta pressão.[51]

Essas descobertas reforçam que a meditação não apenas melhora o bem-estar individual, mas também pode impactar positivamente as dinâmicas sociais. Ela é muito mais do que uma técnica para aliviar o estresse pois oferece uma gama de benefícios comprovados para a saúde mental, física e emocional, que vão muito além do que se imagina. Por ser uma técnica que oferece profunda sensação de calma e bem-estar, até mesmo empresas como Google, Apple e Nike a incorporaram ao ambiente corporativo para promover a saúde mental dos funcionários e melhorar a produtividade.[52]

Ao integrar a meditação no seu dia a dia, você não está apenas praticando uma técnica de relaxamento, mas também promovendo mudanças profundas no seu cérebro e no seu corpo. A prática pode ser feita por qualquer pessoa, em qualquer lugar. Meditar não é exclusivo de uma elite espiritualizada, é uma ferramenta prática e acessível para todos, com benefícios tangíveis e mensuráveis que têm o poder de melhorar a qualidade de vida de qualquer pessoa, seja no trabalho, nos relacionamentos ou em sua jornada pessoal.

## O que acontece no cérebro quando começamos a meditar

Quando uma pessoa começa a meditar, ela tem o poder de desativar o instinto de luta ou fuga, do qual já falamos. Esse mecanismo foi fundamental para a sobrevivência dos nossos ancestrais, ajudando-os a reagir rapidamente a perigos iminentes; porém, em nosso cotidiano moderno, essa resposta é

[49] YAVUZ SERCEKMAN, M. Exploring the Sustained Impact of the Mindfulness-Based Stress Reduction Program: A Thematic Analysis. **Frontiers in Psychology**, v. 15, p. 1347336, 2024.

[50] PARRY, W. The Power of Deep Rest. **University of California in San Francisco**, 1º ago. 2024. Disponível em: https://amecenter.ucsf.edu/news/power-deep-rest. Acesso em: 18 jun. 2025.

[51] RUSSO, C. The Group Benefits of Mindfulness Meditation in Educatioandnd Mental Health Care. **Human Arenas**, v. 2, n. 4, p. 509–515, 2019.

[52] LEVIN, M. Why Google, Nike, and Apple Love Mindfulness Training, And How You Can Easily Love It Too. **Inc.**, 12 jun. 2017. Disponível em: www.inc.com/marissa-levin/why-google-nike-and-apple-love-mindfulness-training-and-how-you-can-easily-love-.html. Acesso em: 18 jun. 2025.

frequentemente ativada por situações corriqueiras, como prazos apertados, discussões ou preocupações financeiras. Isso resulta em níveis elevados de cortisol, que, se mantidos por muito tempo, podem levar a uma série de problemas de saúde, como hipertensão e distúrbios do sono.

A meditação, porém, tem atuação direta nesse processo. Ao focarmos a respiração e praticarmos *mindfulness* (atenção plena), conseguimos ativar o sistema nervoso parassimpático, que é responsável por promover o relaxamento e a recuperação. Isso inibe a resposta de luta ou fuga, permitindo que o corpo entre em um estado de calma e regeneração.

## A filosofia por trás da meditação

A meditação é muito mais do que uma prática de relaxamento ou concentração. Ela carrega em sua essência uma filosofia de vida que busca não só reduzir o estresse, mas transformar a nossa relação com o presente, com os outros e conosco. A filosofia da meditação é baseada no entendimento de que a mente humana tende a viver no passado ou no futuro, em um estado constante de preocupação, ansiedade ou arrependimento. A meditação nos ensina a trazer a atenção para o momento presente, o único que realmente temos.

Em muitas tradições, como no budismo e no hinduísmo, a meditação é vista como ferramenta para alcançar a iluminação e o autoconhecimento. Para o filósofo e mestre espiritual Dalai Lama, a meditação é uma maneira de treinamento mental que ajuda a cultivar qualidades como compaixão, atenção plena e discernimento.[53] Ao nos conectarmos com nossa essência, podemos superar os padrões negativos de pensamento e os ciclos de sofrimento que nos impedem de viver plenamente. A meditação, nesse contexto, nos ajuda a perceber que a mente reflete nossos pensamentos e nossas emoções, e que podemos moldá-la para promover a paz interior.

Ao silenciar a mente e remover os bloqueios mentais, encontramos uma conexão mais profunda com o Universo ou Deus e com nossa própria sabedoria interior. Essa conexão é uma chave para a transformação pessoal, pois, ao estarmos presentes, podemos acessar uma mente mais clara e serena, permitindo que nossas decisões e ações sejam guiadas por uma sabedoria mais profunda.

O filósofo Alan Watts também aborda a meditação de maneira interessante, afirmando que, ao praticarmos a meditação, aprendemos a "perceber a vida em sua forma pura, sem a interferência das camadas de julgamento e

---

[53] LAMA, D. **Além da religião.** Teresópolis: Lúcida Letra, 2016.

rótulos que impomos a tudo".[54] Em outras palavras, a meditação nos ajuda a nos libertar das construções mentais que criamos ao longo do tempo, vivendo com mais autenticidade e liberdade.

Paramahansa Yogananda, um dos grandes mestres da meditação, ensinou que a meditação é o caminho mais seguro para conhecer Deus.[55] Essa filosofia pode ser aplicada de maneira prática no dia a dia. Quando meditamos, nos abrimos para a aceitação e o não julgamento. A prática nos ajuda a cultivar maior consciência de nossos pensamentos, sentimentos e comportamentos, permitindo que respondamos aos desafios da vida de maneira mais equilibrada e menos reativa.

Em vez de reagir impulsivamente às situações, aprendemos a pausar, observar e agir com mais clareza e compaixão. A prática da meditação nos ensina que a verdadeira paz vem de dentro. Muitas vezes, passamos a vida buscando soluções externas para nossos problemas internos, entretanto, a meditação nos ensina que a verdadeira mudança começa quando nos voltamos para nosso interior e começamos a observar os pensamentos, sentimentos e padrões que nos definem.

Grandes mestres como Buda, Krishna e Lao-Tzu nos ensinaram que a paz interior não depende das circunstâncias externas, e sim de nossa capacidade de cultivar uma mente tranquila e um coração aberto. A meditação nos oferece a oportunidade de alcançar essa paz de maneira silenciosa e profunda. Ela nos ensina que, ao silenciar a mente, podemos ouvir a voz do nosso coração e, assim, tomar decisões mais alinhadas com quem realmente somos.

## Meditação e autoconhecimento

Dentro do **Método SOL**, a meditação é o ponto de partida e o alicerce que sustenta todo o processo de transformação das outras ferramentas. Seja por meio do **autoperdão,** da **gratidão** ou da **visualização**, a meditação prepara a mente para absorver e integrar essas práticas de maneira mais eficaz, ampliando seus efeitos.

Quando nos conectamos com nosso interior por meio da meditação, começamos a entender quem realmente somos, além das máscaras que usamos no dia a dia. Esse autoconhecimento é crucial para o verdadeiro

[54] WATTS, A. **The Wisdom of Insecurity**. Nova York: Vintage Books, 2011.

[55] MEDITATION & Kriya Yoga by Paramahansa Yogananda. **Yogada Satsanga Society of India.** Disponível em: https://yssofindia.org/meditation. Acesso em: 18 jun. 2025.

processo de cura e para a aplicação eficaz das outras ferramentas do Método SOL.

A meditação, dentro do método, é o ponto de partida essencial para a transformação profunda. Ela não apenas acalma a mente, mas também nos permite acessar camadas mais profundas do nosso ser, promovendo um autoconhecimento vital para o processo de cura. Esse processo é como descascar uma cebola: cada camada removida revela mais sobre o nosso ser interior, liberando crenças limitantes e traumas acumulados. As camadas representam as experiências de vida que moldaram nosso comportamento e forma de pensar, muitas das quais podem ter criado bloqueios que nos impedem de viver plenamente. Quando as removemos, acessamos a sabedoria interna, um tipo de "software da alma" que nos ajuda a fazer escolhas mais conscientes e alinhadas com nossa verdadeira essência. Cada escolha nossa, inconsciente ou consciente, gera um karma: uma reação que gera um efeito.

Para ilustrar como o karma e o software da alma funcionam, podemos usar o exemplo de uma simples visita a uma cafeteria nova no bairro. Ao tomar um café e perceber que o sabor lembra o café da sua avó, sua mente cria uma associação positiva. Esse momento desperta um desejo de retornar à cafeteria, gerando um ciclo de escolhas baseadas em prazer e memória. Esse padrão, embora simples, é um reflexo de como agimos muitas vezes com base em memórias e aprendizados passados, sem considerar o desejo da nossa alma. No entanto, o verdadeiro poder da meditação está em nos permitir reprogramar esse software, fazendo escolhas conscientes que alinham nossa vida à nossa essência mais profunda.

## O poder do silêncio: descoberta e compreensão pessoal

No silêncio da meditação, acessamos um portal sagrado. Um espaço onde o barulho do mundo lá fora começa a se dissolver e, pouco a pouco, também vamos silenciando o ruído dentro de nós. Ter um lugar reservado, onde possamos estar em quietude e sem distrações, ajuda a criar esse ambiente propício para o mergulho interior. Mas mais importante do que o silêncio externo é o silêncio interno que começamos a cultivar. À medida que a mente desacelera, somos convidados a olhar para dentro com mais presença e coragem.

Com o tempo, ao praticar a meditação regularmente, você começa a identificar padrões emocionais e comportamentais que podem estar sabotando seu progresso. O medo do fracasso, a sensação de não ser suficiente e a autocrítica excessiva são exemplos comuns. Ao tornar-se mais consciente desses padrões, você ganha a capacidade de interrompê-los antes que se manifestem no seu dia a dia. Isso acontece porque a meditação nos ensina a pausar antes de reagir, criando um espaço entre o estímulo e a resposta. Essa pausa nos permite observar nossas reações automáticas e fazer escolhas mais alinhadas ao nosso verdadeiro eu.

À medida que essa prática se aprofunda, a meditação também nos oferece uma oportunidade de reprogramar crenças limitantes. Por exemplo, ao se tornar mais consciente dos seus padrões emocionais, você pode trabalhar com ferramentas do Método SOL, como o autoperdão e as afirmações positivas, para substituir pensamentos e crenças prejudiciais por outros novos e mais empoderadores. Isso é um reflexo do poder do autoconhecimento: quanto mais nos conhecemos, mais podemos moldar nossa vida com base no que realmente queremos, e não no que o passado ou os condicionamentos externos ditam.

A prática contínua da meditação nos permite acessar níveis mais profundos da nossa consciência e, com isso, podemos entender como os nossos antigos padrões de pensamento e comportamento foram formados. À medida que limpamos essas camadas de crenças limitantes e traumas passados, podemos criar um "software da alma" mais alinhado aos nossos desejos e propósito verdadeiro. Essa reprogramação não ocorre da noite para o dia, mas, com paciência e persistência, ela nos permite tomar decisões mais conscientes, que elevam nossa vida.

O silêncio da meditação é o campo fértil onde nossa alma pode crescer, florescer e se alinhar à nossa verdadeira essência, liberando o espaço necessário para a manifestação de uma nova realidade.

## A meditação e o autoperdão: liberando o passado

O autoperdão é uma das ferramentas mais poderosas para a cura interior, mas ele só é verdadeiramente eficaz quando praticado com uma mente clara e tranquila. A meditação oferece exatamente isto: um estado mental que nos permite olhar para nossas falhas e tentativas passadas sem julgamento, ajudando a liberar ressentimentos, mágoas e culpas que, muitas vezes, carregamos por anos. Esse é o primeiro passo para liberar o passado e seguir em frente.

Para realmente perdoar, é essencial se desconectar emocionalmente do que aconteceu. Isso não significa ignorar ou minimizar o impacto do ocorrido, mas sim deixar de reagir emocionalmente a ele. A meditação nos ajuda a atingir esse estado de desapego, permitindo-nos olhar para os eventos com mais empatia e compaixão. Só então somos capazes de ver o que aconteceu sob uma nova perspectiva, focando o aprendizado que a situação trouxe e a bênção que muitas vezes não conseguíamos enxergar enquanto estávamos presos na dor ou na raiva.

Ao meditar, a mente fica serena e tranquila, o que nos permite acessar uma clareza emocional e mental essencial para o perdão. Por meio dessa serenidade, conseguimos ver além do sofrimento imediato e entender a verdadeira mensagem do Universo por trás do evento. À medida que nos distanciamos emocionalmente do que ocorreu, começamos a perceber que as experiências difíceis podem, na verdade, ser catalisadores de crescimento. Isso se torna ainda mais evidente quando a meditação nos permite observar as coisas sem as lentes do julgamento ou da culpa.

A verdadeira magia da meditação e do autoperdão é que essas técnicas nos dão a capacidade de ver a verdade: a lição ou a transformação que aquele acontecimento trouxe para a nossa vida. Com essa visão, podemos finalmente liberar as correntes do passado, abrindo espaço para o novo. Quando praticamos o autoperdão com a ajuda da meditação, não apenas libertamos o coração de mágoas, mas também abrimos o caminho para uma versão mais leve e livre de nós mesmos, mais conectada à nossa verdadeira essência e ao nosso propósito de vida.

Esse processo de cura profunda leva tempo, mas é essencial para a transformação e o crescimento espiritual. À medida que continuamos nossa jornada de autoconhecimento, a meditação nos proporciona o espaço necessário para que possamos olhar para o passado de maneira mais compassiva, com a certeza de que, ao liberarmos o peso do sofrimento, abrimos as portas para uma nova realidade: uma realidade em que o perdão é a chave para a nossa paz interior.

## Gratidão e meditação: sincronizando com o fluxo do Universo

A prática de meditação não é apenas um momento de introspecção; é uma oportunidade de redescobrir as bênçãos que nos cercam todos os dias.

Quando conseguimos silenciar a mente, começamos a enxergar as pequenas maravilhas ao nosso redor, aquelas que frequentemente passam despercebidas na rotina atribulada. Uma mente agitada diminui nossa capacidade de apreciar os detalhes simples, como o alvorecer de um novo dia ou o sorriso de uma pessoa querida.

A meditação nos ensina a valorizar o que temos em vez de focar o que falta, permitindo que a gratidão floresça em nosso coração. Essa mudança de perspectiva nos conecta às coisas mais significativas da vida, revelando como a simplicidade pode trazer grande alegria e significado.

Quando silenciamos a mente, conseguimos entrar em conexão com o fluxo da abundância, algo que só pode ser encontrado quando somos verdadeiramente gratos. A meditação amplifica essa gratidão, criando um espaço para ouvir nossa intuição e nos guiar por decisões mais autênticas, alinhadas a quem realmente somos. É nesse estado de presença e clareza que podemos transformar nossa relação com o mundo, acessando uma paz interior que enriquece nossa jornada.

## Visualização e meditação: criando a realidade que desejamos

Quando meditamos, a mente se torna mais receptiva e focada, criando o ambiente ideal para a prática da visualização. A meditação prepara o solo fértil da mente para que possamos plantar a semente dos nossos sonhos por meio da visualização. Ao meditarmos antes de visualizar, acalmamos os pensamentos negativos que poderiam interferir na criação das imagens mentais, permitindo que a mente se torne um espaço mais puro e alinhado ao que desejamos manifestar. Isso potencializa o poder da Lei da Atração, pois eleva nossa vibração, e é a vibração – ou melhor, o sentimento – que atrai nossos sonhos para a realidade.

Como diz a fórmula mágica:

**Pensamento + sentimento + ação = resultado.**

A meditação desempenha um papel essencial nas duas primeiras etapas dessa equação. Primeiro, ela nos ensina a observar nossos pensamentos e a escolher melhor aquilo que queremos focar, não apenas durante a prática, mas também no dia a dia.

Ela nos ajuda a nos sentir conectados à vida e ao fluxo do Universo. Além disso, desperta um profundo sentimento de gratidão – a energia mais poderosa para cocriar a realidade que desejamos. A gratidão nos permite enxergar a abundância ao nosso redor, inclusive nos desafios que encontramos pelo caminho. Quanto mais meditamos e visualizamos conscientemente, mais nos sintonizamos com a frequência dos nossos desejos e mais facilmente conseguimos manifestá-los. A prática diária da meditação se torna uma forma de alinhar nossa mente, corpo e espírito, criando uma base sólida para as transformações que buscamos.

Eu poderia apresentar a você todos os estudos científicos sobre a meditação, listar pesquisas de Harvard, do MIT, dos maiores centros de neurociência do mundo, e ainda assim talvez você não acreditasse no impacto real dessa prática. Em vez disso, quero lhe contar a história de Maria Cecília.

## O caso de Maria Cecília

Em 2020, Maria Cecília foi engolida por uma depressão profunda. Seus dois filhos, em um curto intervalo de tempo, tentaram tirar a própria vida. O chão desapareceu sob seus pés. A dor era insuportável, o medo a consumia, e a sensação de impotência a aprisionava. Ela não sabia mais o que fazer. Foi então que, por indicação de uma amiga, ela encontrou a meditação e a mim. No início, duvidou. Como ficar sentada, em silêncio, respirando, poderia ajudá-la a superar o que parecia ser o maior pesadelo de sua vida? Mas ela decidiu tentar.

Um dia após o outro, sem expectativas, apenas confiando. Foi assim que, pouco a pouco, tudo mudou. A meditação não apagou a sua dor, mas deu a ela um novo olhar sobre o sofrimento. Não fez seus problemas desaparecerem, mas lhe ensinou a enfrentá-los com serenidade. Maria Cecília parou de viver refém do medo de perder os filhos e, no lugar disso, aprendeu a estar presente com eles e a criar um espaço de acolhimento e paz dentro de si mesma. Como ela mesma diz: "A meditação transformou a minha vida!". O resultado? Os filhos melhoraram, e ela renasceu.

Agora, eu lhe pergunto: o que aconteceria se você também desse uma chance para essa prática? E se, por alguns minutos do seu dia, você permitisse que sua mente descansasse e seu coração se abrisse? É exatamente isso que quero lhe guiar a fazer agora. Vamos juntos?

## Meditação do Método SOL: o caminho da cura diária

A meditação é uma ferramenta poderosa de transformação e, no Método SOL, ela é essencial para ativar a cura, a gratidão e a conexão profunda com o nosso ser interior. Para que você experimente os benefícios dessa prática, sugiro que reserve de cinco a quinze minutos do seu dia, preferencialmente ao acordar e antes de dormir, criando uma rotina de cura e renovação.

Aqui está a prática de meditação do Método SOL, projetada para ser simples, mas profunda. Ao praticá-la, você vai desenvolver sua autoconsciência e fortalecer a sua conexão com o poder de cura que existe dentro de você.

## Comece com a respiração consciente

Encontre um lugar tranquilo, onde você possa se sentar ou deitar confortavelmente. Feche os olhos e comece a respirar profundamente. Inspire pelo nariz, permitindo que seu abdômen se expanda, e expire pela boca, liberando qualquer tensão. Dedique alguns minutos a essa respiração lenta e profunda, até que sinta seu corpo mais relaxado.

## Foque o centro do coração

Depois de se acalmar, coloque sua atenção no centro do seu peito, onde está o coração. Imagine que você está respirando por meio do seu coração, com cada inspiração e expiração se tornando um fluxo de amor e cura.

## Reflexões para a cura

Agora, faça a si mesmo três perguntas poderosas que guiarão sua jornada de cura:

- O que eu preciso curar em mim hoje?
- O que eu preciso perceber sobre mim hoje?
- Qual é a melhor coisa que poderia me acontecer hoje?

Sinta-se aberto às respostas que surgirem, seja na forma de palavras, sentimentos ou imagens. Confie que o que você precisa saber será revelado.

## Mantra de amor e gratidão

Para aprofundar a cura, repita por no mínimo cinco minutos o mantra: "Eu te amo e sou grato". Deixe essas palavras ressoarem em seu coração. Sinta o amor por você mesmo e pela vida crescendo a cada repetição.

## Agradeça pela vida

Ao completar o mantra, reserve um momento para expressar gratidão por tudo o que você tem em sua vida. Agradeça pelas bênçãos, pelos desafios que lhe ensinaram algo, pelas pessoas que cruzaram seu caminho. Sinta seu coração transbordando de gratidão.

## Envie amor a outra pessoa

Em seguida, envie amor a uma pessoa que esteja em sua mente ou coração. Imagine a energia do seu coração se expandindo e envolvendo essa pessoa em luz e amor. Que esse envio de amor também seja uma cura para você.

## Afirmações positivas

Finalize a prática com afirmações que fortalecem sua mente e corpo. Diga a si mesmo:

- Eu sou feliz.
- Eu sou saudável.
- Eu estou me curando.

Respire profundamente, sentindo cada palavra entrar em seu ser, e então abra os olhos, retornando ao momento presente, renovado e cheio de energia positiva.

Essa prática pode ser realizada diariamente, seja por cinco, dez, quinze minutos ou mais. O importante é que ela se torne um hábito que você cumpre com amor e dedicação. Ao incorporá-la ao seu dia a dia, você estará nutrindo sua alma, criando espaço para a cura, o crescimento e a transformação, com o poder de cada momento de consciência plena.

CAPÍTULO 10

# Quinto passo: gratidão

Gratidão, vida, por eu estar exatamente
onde preciso estar.

**Essa é a primeira frase que ecoa em minha mente todas as** manhãs, antes mesmo de abrir os olhos. Antes do celular, antes da correria, antes do mundo. Só eu, minha respiração... e essa entrega silenciosa.

Desde 2019, essa prática se tornou meu ponto de partida diário. E, ao longo dos anos, percebi algo que mudou minha vida para sempre: a vida floresce onde a gratidão é cultivada. A cada dia, esse simples mantra abriu portas invisíveis para mim.

Pessoas, oportunidades, aprendizados e até desafios começaram a se alinhar com uma perfeição quase mágica, como se a vida estivesse me guiando para onde eu realmente precisava estar. A gratidão se tornou minha bússola. Minha âncora. Meu portal para a harmonia, a cura e a abundância.

Neste capítulo, vamos juntos explorar este poder: a gratidão como chave mestra da manifestação. Dentro da fórmula mágica do Método SOL, a gratidão é um dos elementos mais poderosos, porque quando somos verdadeiramente gratos não apenas com palavras, mas com a alma, entramos na frequência das bênçãos. Sintonizamos com tudo de bom que o Universo quer nos oferecer.

Dizer "Gratidão, vida, por eu estar exatamente onde preciso estar" vai muito além de agradecer pelo que já se conquistou. É um ato de entrega. É uma confiança profunda de que até os desafios são degraus no nosso crescimento. Quando aceitamos o que é, abrimos espaço para tudo o que pode ser.

Gratidão é a linguagem da abundância. E é por essa linguagem que, a partir de agora, vamos aprender a conversar com a vida e a criar milagres visíveis em cada jornada.

## Pelo que você é grato hoje?

Pare por um instante. Respire fundo e pergunte-se: "Pelo que sou grato hoje?".

Talvez a resposta não venha de imediato. Talvez sua mente esteja presa ao que falta, ao que não saiu como o planejado. Mas olhe ao redor. Há algo, por menor que seja, que merece seu reconhecimento.

A gratidão não cabe apenas aos momentos grandiosos; se trata de enxergar a beleza nos detalhes sutis da vida: o brilho suave do sol entrando pela janela, o ar que preenche seus pulmões, uma xícara de café quente entre as mãos, um sorriso trocado com um estranho. Quanto mais agradecemos, mais treinamos nossa mente a perceber o que há de bom ao nosso redor, tornando-nos mais positivos, resilientes e humanos.

Se tudo parece difícil agora, experimente um pequeno passo: escolha uma coisa, apenas uma, pela qual agradecer hoje. Pode ser o simples fato de estar vivo. Amanhã, encontre mais uma. Aos poucos, essa prática se torna um farol iluminando sua jornada, lembrando-o de que, apesar dos desafios, sempre há algo pelo que ser grato.

## O que é gratidão?

A palavra "gratidão" vem do latim *gratia*, que significa graça, benevolência, reconhecimento.[56] Mais do que um simples "obrigado", a gratidão é um estado de ser, uma frequência energética poderosa que nos alinha com tudo o que há de melhor no Universo.

No Método SOL, a gratidão é um dos pilares fundamentais, porque ela nos sintoniza com a frequência das bênçãos. A escala de frequência de emoções medida em Hertz, desenvolvida pelo dr. David Hawkins, indica que, quando sentimos gratidão, vibramos entre 538 Hz e 639 Hz, uma das frequências mais altas que podemos alcançar, comparável ao amor incondicional e à iluminação.[57] Isso significa que, quando praticamos a gratidão, estamos nos conectando com uma energia expansiva, que atrai mais motivos para sermos gratos.

Mas como podemos usar essa força a nosso favor? Como transformar a gratidão em um hábito consciente que potencializa a realização dos nossos sonhos? É sobre isso que vamos falar a seguir.

O significado da palavra *gratidão* nos leva a algo ainda mais profundo: graça. E o que é viver na graça? É confiar no fluxo divino da vida, reconhecer

---

[56] GRAT-. In: *DICIONÁRIO Houaiss*. Disponível em: https://houaiss.uol.com.br/houaisson/apps/uol_www/vopen/html/inicio.php/26a/grat-#e. Acesso em: 19 jun. 2025.

[57] O QUE é frequência 528 hz? **IBND**, 27 dez. 2024. Disponível em: www.ibnd.com.br/blog/o-que-e-frequencia-528-hz.html. Acesso em: 19 jun. 2025.

que há um propósito maior em tudo o que nos acontece, se abrir para receber com o coração leve e desapegado.

Em Tessalonicenses 5:18, Paulo, externando a vontade de Jesus, o maior mestre da manifestação, nos ensinou um segredo valioso: "Deem graças em todas as circunstâncias". Essa não é apenas uma frase bonita, é uma chave espiritual. Ela não nos diz para sermos gratos apenas quando tudo está indo bem, quando recebemos aquilo que desejamos ou quando a vida nos presenteia com momentos felizes. Ela nos ensina a sermos gratos por tudo: os desafios, as incertezas, as aparentes dificuldades. Mas por quê?

Porque a gratidão abre o fluxo da abundância. Quando agradecemos antes mesmo de ver o resultado, estamos demonstrando fé, elevando nossa frequência e ativando uma das leis mais poderosas do Universo: a Lei da Vibração.

A Lei da Vibração diz que tudo no Universo está em constante movimento e tem uma frequência específica, e isso inclui nossos pensamentos e emoções.[58] Quando vibramos na frequência da gratidão, atraímos para para a realidade experiências alinhadas a essa energia.

Ao praticar a gratidão antecipada, estamos também enviando uma mensagem clara ao Universo: "Eu confio. Sei que tudo está acontecendo para o meu bem, mesmo que eu não compreenda agora". Os grandes mestres espirituais sempre souberam que a gratidão não é uma reação, mas uma *frequência*. De acordo com os relatos bíblicos, antes de realizar milagres como a multiplicação dos pães e peixes (João 6:11) e a ressurreição de Lázaro (João 11:41-42), Jesus deu graças, demonstrando um exemplo de gratidão. A gratidão antecede o milagre.

Essa é a base do Método SOL. Não devemos esperar que algo aconteça para sermos gratos; devemos ser gratos primeiro. Ao vibrarmos nessa frequência, nos tornamos canais para que o melhor aconteça. O maior erro das pessoas no caminho para alcançar seus sonhos é acreditar que precisam ver para crer; a gratidão nos ensina o oposto: crer para ver. Ao agradecermos pelas coisas que ainda não temos, estamos ativando essa força que, para mim, é a fé.

Agora que compreendemos o poder da gratidão e sua conexão com a manifestação, vamos explorar como integrá-la ao nosso cotidiano e transformar essa prática em um verdadeiro portal para a realização dos nossos sonhos.

Neste capítulo, exploraremos a gratidão como a chave fundamental para a manifestação. Dentro da fórmula mágica do Método SOL (pensamento +

---

[58] THE LAW of Vibration: Raise Your Vibration. **Mistikist**, 22 ago. 2024. Disponível em: https://mistikist.com/the-law-of-vibration-raise-your-vibration/. Acesso em: 19 jun. 2025.

sentimento + ação = resultado), a gratidão desempenha um papel essencial. Ela atua como o combustível que alimenta nossas intenções, vibrando na frequência da nossa alma. Quando agradecemos de maneira genuína, ativamos o poder do nosso eu superior e alinhamos nossos desejos com a abundância do Universo, sincronizando-os com a fonte universal. A gratidão inicia o processo de transmutação do pensamento em matéria, colocando em movimento pessoas, lugares, ideias e circunstâncias que facilitarão a realização dos nossos desejos.

Uma das minhas leis universais favoritas, a Lei da Perpétua Transmutação, nos lembra que tudo muda de forma; ou seja, tudo se manifesta. Quando estamos presos a pensamentos negativos, criamos a vibração correspondente e, consequentemente, agimos de acordo com essa energia, gerando mais motivos para nos sentirmos ingratos. Por outro lado, um pensamento positivo gera uma sensação agradável dentro de nós, levando-nos a agir em uma frequência elevada, resultando em mais experiências que nos fazem nos sentir bem.

A verdade central é que tudo no Universo é energia, e somos nós que escolhemos qual energia desejamos criar em nossa vida, começando pelos nossos pensamentos. A gratidão se revela como uma ferramenta poderosa para reprogramar o subconsciente, substituindo crenças limitantes por visões mais positivas. O subconsciente opera pela repetição e, surpreendentemente, não rejeita nada. Assim, quanto mais agradecemos, mais reforçamos para o nosso subconsciente a crença de que a vida é boa e abundante. Com o tempo, essa prática nos transforma em pessoas realmente gratas, prontas para manifestar nossos desejos e viver uma vida plena.

## Mudança de perspectiva: a gratidão como transformação

No início, a gratidão era apenas uma palavra que saía dos meus lábios sem qualquer reflexão verdadeiramente profunda. Agradecia aos outros não por um sentimento genuíno, mas como um ato automático de educação e respeito. Era uma convenção social que eu seguia sem entender a verdadeira essência por trás dela. Dificilmente parava para reconhecer e agradecer pelas pequenas coisas da vida.

Minha perspectiva sobre a gratidão começou a se transformar quando me mudei para a Dinamarca. Fui apresentada a uma cultura que, para mim, reflete a verdadeira essência da gratidão. Sempre que encontrávamos alguém que havíamos visto recentemente, a frase era: "*Tak for sidst!*", ou seja, obrigado pela última vez! Inicialmente, achava essa prática estranha. Outro exemplo era quando, ao término das refeições, sempre dizíamos *"tak for mad"*, obrigado pela comida! E *"Tak fordi jeg kunne komme"*, obrigado por me receber! No começo, eu via os dinamarqueses como extremamente educados, mas, com o passar dos anos, percebi que a gratidão é uma força fundamental na cultura dinamarquesa. Mesmo sem entender plenamente aquele sentimento à época, percebi que essa energia contribui para um país abundante e justo.

A transformação real começou quando comecei a praticar a meditação. Pela primeira vez, senti gratidão de maneira genuína, especialmente pelas pequenas coisas. O canto de um pássaro, o sorriso de um estranho, a chuva caindo ou um banho quente passaram a ser motivos para agradecer. Esse sentimento de gratidão me conectou profundamente às pequenas bênçãos diárias que muitas vezes passam despercebidas: o simples ato de respirar sem a ajuda de um aparelho, pentear meus cabelos com facilidade, ter um teto que me abriga, comida na mesa e a paz que envolve meu lar.

Com a gratidão genuína, minha vida se tornou mais prazerosa. Comecei a desfrutar de momentos que antes eram apenas passageiros. Quantas vezes estive em um hotel cinco estrelas, viajando em classe executiva, desfrutando das mais finas iguarias em restaurantes renomados e vestindo grifes de luxo, mas mesmo assim me sentindo miserável? A busca por algo externo não preenchia o vazio que eu sentia. Tudo isso mudou quando passei a adotar a prática da gratidão como um hábito diário.

À medida que a gratidão se tornou parte da minha vida, percebi algo poderoso: as bênçãos não apenas se multiplicavam, mas também fluíam com mais leveza. Descobri que não precisava esperar por grandes acontecimentos para sentir gratidão: o simples ato de agradecer já era suficiente para transformar minha energia. Meus sonhos começaram a se manifestar mais rapidamente, e desejos que eu sequer sabia que tinha surgiram com facilidade.

O Universo parecia responder à minha nova vibração, abrindo caminhos onde antes existiam barreiras. A gratidão não apenas mudou minha perspectiva; ela realinhou minha realidade. A gratidão me mostrou que sentir é a verdadeira chave para a abundância. Não precisamos esperar para ter, podemos começar agora, agradecendo pelo que já possuímos, e o que desejamos encontrará um caminho até nós. Essa mudança de perspectiva não é apenas transformadora, mas revolucionária. Quando escolhemos viver na gratidão, tudo ao nosso redor começa a se realinhar, e a vida flui com mais leveza e propósito.

Como já falamos aqui, a prática regular da gratidão fortalece circuitos cerebrais associados ao prazer e à resiliência emocional. Você sabia que expressar gratidão libera dopamina e serotonina, neurotransmissores que melhoram o humor, reduzem o estresse e aumentam a sensação de felicidade?[59] Ser grato não apenas muda a nossa percepção da vida, mas também reconfigura o cérebro para nos tornarmos mais positivos e equilibrados.

Você já se sentiu sobrecarregado, como se estivesse perdido no meio do caos? Nessas horas, a mente tende a focar o que está errado, amplificando problemas e obscurecendo soluções. Mas quando paramos para reconhecer algo de bom, mesmo pequeno, redirecionamos nossa energia. Pergunte-se: "O que merece minha gratidão hoje?". Essa simples reflexão pode ser um farol em meio à tempestade, guiando você para um estado mais sereno e consciente.

A gratidão também tem um impacto profundo em nossos relacionamentos. Pessoas gratas são percebidas como mais simpáticas, confiáveis e generosas. Expressar apreço pelos outros cria laços mais fortes e fortalece a conexão humana. Pense em alguém que você admira. Provavelmente essa pessoa tem o hábito de reconhecer o valor das coisas e das pessoas ao seu redor.

Mais do que uma emoção passageira, a gratidão é um estilo de vida. Ao adotá-la, você treina sua mente para perceber oportunidades em vez de obstáculos, aprendizados em vez de fracassos, crescimento em vez de limitação. E quanto mais você pratica, mais natural se torna.

## A transformação de Elaine: o poder da gratidão

Uma cliente muito querida, Elaine, costumava vir até mim com o coração pesado. Ela reclamava frequentemente de como o chefe tornava sua vida no trabalho um verdadeiro campo de batalha. A cada dia, mais tarefas eram adicionadas à sua já exaustiva lista, tornando seus projetos intermináveis. Apesar das tentativas incansáveis de agradá-lo, seu esforço parecia passar despercebido. A pressão acumulada levou Elaine à beira do colapso físico e mental.

Após assistir a uma *live* minha, ela decidiu buscar ajuda. Em uma conversa profunda, abordamos não apenas as tribulações de seu trabalho, mas também aspectos da sua vida pessoal. Foi então que, em um momento de desespero e revelação, Elaine desabou em lágrimas. Ela percebeu que tinha se perdido na dedicação ao trabalho, negligenciando a si mesma e à sua família. O peso da mente inquieta a impedia de ver a verdade: ela mesma

[59] TRAVERS, M. *op. cit.*

estava criando essa realidade, prendendo-se a um ciclo de ansiedade sobre a próxima interação com seu chefe.

Ela me contou que, todas as noites, relembrava as atitudes negativas dele antes de dormir, o que fazia que despertasse com a mesma sensação de desânimo. Saindo de casa, sua energia estava em baixa e, como um efeito dominó, sua performance no trabalho se deteriorava.

Quando ela me perguntou se devia pedir demissão, analisamos juntas essa opção. Descobrimos que, na verdade, Elaine gostava do que fazia e do lugar onde trabalhava; o que realmente a atrapalhava era a relação com seu chefe. Foi nesse ponto que eu a encorajei: "Vamos mudar a frequência da sua interação com ele. Vamos ressignificar essa relação".

Ela hesitava, sem acreditar que isso poderia realmente ocorrer. "Você acredita que com a gratidão eu posso mudar minha situação? Pensei que precisaríamos fazer um ritual mais complexo", disse ela, com receio. Eu a tranquilizei: o poder transformador da gratidão é mais poderoso do que muitas pessoas imaginam.

Expliquei que, a partir daquele dia, seu ritual matinal começaria com a escrita, em um caderno, de dez coisas pelas quais ela era grata. Depois, Elaine visualizaria seu chefe diante dela, enviando-lhe uma luz vibrante do seu coração por cinco minutos. Por fim, imaginaria a si mesma chegando ao trabalho cheia de alegria, completando suas tarefas com eficiência e recebendo o reconhecimento que merecia.

Ao longo do dia, ela também deveria encontrar pequenos motivos para agradecer – a beleza de seu escritório, o carinho da equipe de limpeza e a oportunidade de crescimento que seu emprego proporcionava. Antes de dormir, visualizaria qualquer desafio que havia enfrentado como uma bola de luz, enviando esse problema ao Universo com a frase mágica: "Confio na providência divina". Então ela se concentraria na solução, permitindo-se relaxar e dormir em paz.

Após seis semanas de prática diária, Elaine revelou uma transformação incrível. Seu chefe recebeu uma proposta para outro emprego, e sua nova gestora era uma antiga colega com quem ela tinha grande afinidade. Agora, Elaine tinha tempo para cuidar de si mesma e da família. Com lágrimas de alegria nos olhos, ela me contou como a gratidão não apenas mudara sua percepção do trabalho, mas também revitalizara seu casamento, pois ela começou a aplicar essa técnica a todas as áreas de sua vida, incluindo seu matrimônio.

A história de Elaine é um testemunho vivo de como um pequeno ajuste mental pode transformar nossa vibração, mostrando que a gratidão tem o poder de mudar vidas.

## Gratidão: a chave para transformar sua realidade

A gratidão não é apenas um sentimento bonito ou um gesto educado, ela é uma força poderosa de transformação. Quando praticada conscientemente, tem o poder de reprogramar sua mente, elevar sua energia e atrair novas realidades para sua vida.

Muitas pessoas vivem presas ao passado, revivendo emoções de dor, medo ou frustração, e, sem perceber, continuam criando um futuro baseado nessas mesmas emoções. A mente subconsciente não distingue entre uma experiência real e uma vivida intensamente em nossa imaginação. Isso significa que, ao sentir gratidão antecipada pelo que ainda não aconteceu, enviamos um sinal ao Universo de que essa nova realidade já existe e, assim, começamos a atraí-la. Então, temos à nossa frente, todos os dias, duas alternativas: repetir o ontem ou criar o amanhã.

O cérebro opera em padrões automáticos. Se você acorda e repete os mesmos pensamentos e emoções de ontem, sua vida tende a permanecer a mesma. O corpo, acostumado à química do passado, apenas reproduz mais do mesmo. Há aqui um segredo poderoso: no momento em que você decide sentir gratidão, antes mesmo de ver o que deseja se realizar, altera o seu destino.

Quando você pratica a gratidão antecipada, envia um novo comando ao cérebro, criando caminhos neurais inéditos. Você começa a ensinar seu corpo a experimentar, no presente, a felicidade, a realização e a abundância que ainda estão se materializando.

Quando sentimos emoções elevadas – como a gratidão, o amor e a alegria –, criamos uma coerência poderosa entre o coração e o cérebro. Essa coerência é como uma sinfonia interna que harmoniza nossos sistemas biológicos e expande nosso campo eletromagnético. Assim, a gratidão não é apenas um sentimento: é uma tecnologia espiritual. É a arte de viver hoje a realidade que sua alma já reconhece como possível.

Quando você agradece de maneira consciente, como se o sonho já tivesse se realizado, o corpo – que é a extensão do seu inconsciente – aceita essa nova informação como verdade. Você ensaia emocionalmente a vida que deseja viver. E o ensaio, repetido com amor, transforma quem você é em pensamento, emoção e vibração. Então o Universo responde. Não pelo que você quer, mas **pelo que você vibra.**

Ele começa a reorganizar o campo ao seu redor para manifestar a nova realidade que você já acolheu dentro de si. Sem a prática consciente da gratidão, permanecemos presos à velha identidade e, com ela, aos velhos resultados.

No Método SOL, a gratidão é uma das chaves mestras da reprogramação interior. Quando agradecemos com presença, intenção e emoção genuína, nos sintonizamos à frequência do amor, da abundância e da realização. É nesse estado expandido de ser que os milagres deixam de ser sonhos distantes e passam a ser encontros inevitáveis.

Assim como a experiência de Elaine nos mostrou, quando mudamos nossa frequência interna, permitindo que a gratidão floresça em nosso coração, transformamos não apenas a nossa realidade, mas também a vida ao nosso redor. O que antes parecia um peso se torna uma leveza; o que era um abismo se torna um caminho iluminado para novas possibilidades. Afinal, a gratidão não só nos conecta ao presente, mas também nos prepara para o futuro que desejamos manifestar.

Uma história fascinante me marcou profundamente em 2018, durante uma viagem inesquecível à mágica ilha espanhola de Ibiza. Eu havia alugado um pequeno apartamento com uma amiga. O clima era de pura celebração, até que, no penúltimo dia, recebemos um convite surpreendente de um casal de amigos para um evento exclusivo no renomado hotel Ushuaia. Eles estavam nos presenteando com algo realmente especial, pois eu sabia que o custo seria, no mínimo, de mil euros por pessoa para nós quatro.

Ao chegarmos ao evento, a atmosfera era eletrizante. Me senti envolta por um mar de gratidão por aquele gesto generoso. Depois de alguns drinks refrescantes, a ideia me invadiu como um raio: por que não aproveitar a festa em uma suíte luxuosa, abraçando essa experiência inesquecível? Sem pensar duas vezes, me dirigi à recepção do hotel e perguntei se havia alguma suíte disponível para passarmos aquela noite mágica. Para minha surpresa, havia! Porém custava mil euros.

Num impulso, movida pela empolgação do momento e pela vontade de criar memórias inesquecíveis, passei o cartão de crédito. Quando voltei para a festa e revelei a novidade aos meus amigos, me chamaram de louca! Como eu poderia gastar todo aquele dinheiro por uma única noite, especialmente após ter passado por um divórcio recentemente?

No dia seguinte, após fazer o check-out da suíte deslumbrante e retornar ao nosso humilde apartamento, algo extraordinário ocorreu. Enquanto nos dirigíamos para o aeroporto, meu ex-marido me ligou com uma urgência que me deixou intrigada. “Olhe sua conta bancária!”, ele disse. Com as mãos tremendo, acessei minha conta e mal consegui acreditar no que vi: um presente dele, um valor que superava tudo o que eu poderia imaginar!

Eu havia recebido 100 mil euros – cem vezes mais do que havia gastado na suíte! Minha amiga e eu ficamos em estado de choque, sem palavras.

Inicialmente, pensei que era pura sorte, mas, ao aprofundar meu entendimento sobre as leis do Universo, a verdade se revelou. O que aconteceu não foi mero acaso; a gratidão que eu expressei ao alugar aquela suíte luxuosa para nós foi um ato de amor e reconhecimento. O Universo, em sua generosidade infinita, retribuiu de maneira esplêndida.

Portanto, se você ainda tem dúvidas sobre o poder da gratidão, eu o desafio: coloque em prática os ensinamentos deste capítulo. Abra seu coração, manifeste sua gratidão e esteja pronto para receber as mágicas reviravoltas da vida.

Agora que você compreende o poder silencioso, e transformador, da gratidão, é hora de ancorar essa energia na sua vida, de modo consciente e prático. A gratidão verdadeira não é apenas um sentimento bonito que vem e vai; é uma frequência que você pode escolher cultivar todos os dias.

Quando você treina sua mente e seu coração para agradecer antes mesmo de ver as bênçãos se manifestarem, você envia um sinal claro ao Universo: "Eu já estou pronto". A cada gesto de gratidão, você ajusta sua frequência interna, sintonizando a abundância, a realização e o amor que deseja viver. Nesse estado de alinhamento, a vida flui com mais leveza, graça e facilidade.

## A prática da gratidão ativa

Agora que compreendemos o poder transformador da gratidão, é hora de trazê-la para o dia a dia de maneira intencional. A prática que você vai adotar é simples, mas extremamente poderosa. Siga este passo a passo diariamente:

### 1. O caderno da gratidão

Escolha um caderno especial e, todos os dias, escreva dez coisas pelas quais você é profundamente grato. Inclua pelo menos uma que ainda não se manifestou, mas escreva como se já fosse realidade.

**Exemplo:** "Sou imensamente grato pelo meu novo emprego, que me traz realização, prosperidade e liberdade financeira".

Essa prática reprograma seu subconsciente para a abundância e envia um comando ao Universo para que seus desejos se concretizem.

## 2. Meditação da gratidão quântica

A meditação da gratidão quântica eleva sua vibração à frequência da gratidão, correspondente a cerca de 600 Hz, alinhando suas emoções para atrair energias positivas e transformadoras em sua vida.

**Preparação para a meditação**

- Encontre um lugar confortável e tranquilo.
- Respire profundamente, relaxando o corpo.

**Conexão com o coração**

- Coloque uma mão sobre o coração e sinta seu ritmo.
- Concentre-se nas sensações e na energia.

**Escolha e visualização**

- Escolha algo que você ama (um amigo, um lugar, um animal).
- Visualize sua presença e sinta a conexão.

**Gratidão e amor**

- Expresse gratidão. Utilize afirmações como "Obrigado, [nome do elemento]. Eu te amo".
- Deixe a energia do amor crescer a cada repetição.

**Intensificação da vibração**

- A cada repetição da frase de amor, sinta a energia crescendo.

**Encerramento**

- Após alguns momentos, comece a trazer sua atenção de volta.
- Movimente suavemente os dedos e abra os olhos.

## 3. Gratidão ao longo do dia

Agora que você programou sua mente para a gratidão, mantenha essa vibração ao longo do dia. Toda vez que algo bom acontecer, agradeça imediatamente. Toda vez que um desafio surgir, pergunte-se: "O que isso está tentando me ensinar?" e agradeça pela lição.

Com o tempo, essa prática transformará sua percepção da realidade, fazendo sua vida fluir com mais harmonia, abundância e milagres. Quanto mais você agradece, mais o Universo lhe dá motivos para agradecer.

* * *

A gratidão é como uma chave que destranca portas antes invisíveis. Quando escolhemos focar o que temos e o que desejamos como se já fosse real, alinhamos nossa energia àquilo que queremos atrair. Essa prática

**QUANTO MAIS AGRADECEMOS, MAIS TREINAMOS NOSSA MENTE A PERCEBER O QUE HÁ DE BOM AO NOSSO REDOR, TORNANDO-NOS MAIS POSITIVOS, RESILIENTES E HUMANOS.**

ENCONTRE O EXTRAORDINÁRIO
EM MEIO ÀS CICATRIZES
@fermachadooficial

não apenas transforma nossa percepção da vida, mas também abre caminho para novas possibilidades e oportunidades.

Para que essa transformação se fortaleça e se torne parte da sua realidade, é essencial reforçá-la com palavras e pensamentos alinhados àquilo que deseja manifestar. No próximo passo do Método SOL, vamos explorar como as **autossugestões e afirmações positivas** podem potencializar esse processo. Se a gratidão é a semente, as palavras que repetimos para nós mesmos são o solo fértil que a nutre.

Prepare-se para reprogramar sua mente e moldar sua realidade com o poder das afirmações!

CAPÍTULO 11

# Sexto passo: autossugestões e afirmações positivas

A forma como você fala consigo mesmo é a forma como molda o mundo ao seu redor. Sua voz é a ponte entre o invisível e o visível.

## O poder criador da palavra: a parábola do sábio e o eco

Era uma vez um sábio que vivia em uma montanha. A cada manhã, ele se dirigia ao vale abaixo e gritava para o eco, que respondia de volta tudo que ele dizia. Um dia, ele decidiu ensinar uma lição aos seus alunos sobre o poder da palavra.

Ele desceu a montanha e gritou: "Eu sou poderoso!". O eco respondeu: "Eu sou poderoso!". Ele então gritou: "Eu sou amado!". O eco, mais uma vez, respondeu: "Eu sou amado!".

Os alunos, curiosos, perguntaram ao sábio: "Mestre, por que o eco sempre repete o que você diz?".

O sábio respondeu: "Assim como o eco responde ao que eu grito, nossas palavras criam um eco em nossa vida. O que dizemos a nós mesmos e aos outros se reflete em nosso ser. Se falarmos com amor, atraímos amor. Se falarmos de força, atraímos força. Então lembrem-se de que cada palavra que proferem é uma semente que plantam em suas próprias vidas".

* * *

Pense em sua vida como um reflexo das palavras que você ouve e diz a si mesmo. Desde a infância, críticas ou elogios marcam nossa mente e moldam nossa realidade. E se as palavras que você escolhe usar todos os dias estivessem determinando sua vida agora?

Experimentos realizados por cientistas japoneses mostraram que palavras podem influenciar estruturas de moléculas de água.[60] Em laboratório,

[60] JAPONÊS busca demonstrar que água se modifica com estímulos externos. **Correio Braziliense**, 6 abr. 2011. Disponível em: www.correiobraziliense.com.br/app/noticia/ciencia-e-saude/2011/04/06/interna_ciencia_saude,246358/japones-busca-demonstrar-que-agua-se-modifica-com-estimulos-externos.shtml. Acesso em: 24 maio 2025.

palavras foram ditas e escritas para recipientes contendo água. Quando palavras positivas eram direcionadas à água, surgiam belos cristais ao congelá-la. Por outro lado, quando palavras como *ódio* e *raiva* foram usadas, os cristais ficaram deformados. Agora, considere que o corpo humano é composto de aproximadamente 70% de água. Se as palavras têm o poder de alterar a estrutura molecular da água, imagine o mesmo efeito em você! Cada frase que você diz – sobre si mesmo, sobre sua vida, sobre o que acredita ser possível – está moldando a sua realidade. O que você tem contado a si mesmo todos os dias?

## O poder das afirmações e a ciência por trás delas

Quando falamos em afirmações, muitos podem duvidar de seu impacto real, mas essa prática vai muito além de palavras repetidas mecanicamente. Ela tem o poder de reconfigurar o cérebro e influenciar diretamente o comportamento. As palavras não são apenas som; elas são energia. Quando você repete uma afirmação positiva, não está apenas dizendo algo ao acaso; está programando seu cérebro para acreditar e manifestar aquilo.

Ao se afirmar positivamente, você está lidando com emoções, pensamentos e situações de maneiras que afetam todo o seu ser. Isso pode parecer simples, mas a repetição dessas frases muda a visão que você tem da vida. Por repetir constantemente, o cérebro começa a assimilar novos modos de pensar e a alterar a maneira como vemos o mundo. As afirmações funcionam devido à neuroplasticidade, ou seja, a capacidade do cérebro de se adaptar a novas situações.

Pesquisadores da Universidade da Pensilvânia demonstraram que repetir autoafirmações provoca mudanças físicas em áreas do cérebro associadas ao processamento do *self*, impactando diretamente o modo como nos vemos.[61] Essa mudança na percepção interna está diretamente ligada a transformações positivas subsequentes no comportamento. Ou seja, ao reformular pensamentos por meio das afirmações, estamos moldando uma nova versão de nós mesmos.

Os benefícios não param por aí. Em um estudo realizado por pesquisadores das universidades de Aston, Sussex e King's College London, voluntários foram convidados a escrever autoafirmações que refletissem seus valores essenciais.[62] Em seguida, receberam um informativo sobre os benefícios da prática de exercícios físicos para a saúde. O resultado foi surpreendente: uma

[61] CASCIO, C. N. *et al.* Self-affirmation Activates Brain Systems Associated with Self-Related Processing and Reward and Is Reinforced by Future Orientation. **Social Cognitive and Affective Neuroscience**, v. 11, n. 4, p. 621–629, 5 nov. 2015.

[62] COOKE, R. *et al.* Self-Affirmation Promotes Physical Activity. **Journal of Sport and Exercise Psychology**, v. 36, n. 2, p. 217–223, abr. 2014.

semana depois, aqueles que haviam escrito autoafirmações praticaram significativamente mais atividade física do que os que apenas receberam o informativo. Além disso, desenvolveram atitudes mais positivas em relação ao exercício e demonstraram maior intenção de se exercitar no futuro.

Esse estudo comprova algo que já aplicamos no Método SOL: as afirmações criam um alinhamento entre nosso pensamento e nossas ações. De certa maneira, quando escrevemos autoafirmações, aumentamos a probabilidade de realmente praticar aquilo que sabemos ser bom para nós.

Além disso, as afirmações são ferramentas poderosas para fortalecer nossa resiliência diante dos desafios. Psicólogos da Universidade da Califórnia em Santa Barbara e da Universidade Cornell descobriram que as autoafirmações ampliam e fortalecem nossa percepção de nós mesmos, ao mesmo tempo que fazem com que desafios e ameaças pareçam menores.[63] Quando nos sentimos maiores e mais confiantes, os obstáculos da vida parecem menores e mais gerenciáveis.

É por isso que, no Método SOL, utilizamos as afirmações como um dos pilares para a reprogramação mental e a transformação da vida. Elas não apenas moldam nossa mente, mas também nos impulsionam a agir de acordo com nossos valores e objetivos. Ao praticar afirmações diariamente, você está treinando seu cérebro para reconhecer e criar a realidade que deseja viver.

Se palavras moldaram nossas crenças limitantes, elas também podem reprogramar nossa mente para o sucesso, a abundância e a autoconfiança. As afirmações positivas são uma ferramenta poderosa dentro do Método SOL pois funcionam como comandos diretos para o subconsciente, reescrevendo padrões negativos e instalando novas verdades que impulsionam nossa transformação.

Cada palavra que repetimos com emoção e intenção se torna uma semente plantada em nossa mente. Quando afirmamos consistentemente algo positivo sobre nós mesmos e nossa vida, começamos a reconfigurar nosso sistema interno de crenças. Se antes alguém acreditava que "dinheiro é difícil de ganhar" ou "não sou bom o suficiente", as afirmações certas podem substituir essas programações por frases como "o dinheiro flui para mim com facilidade" e "eu sou capaz e merecedor do melhor".

Mas, para que as afirmações realmente funcionem, é essencial que sejam repetidas com fé e sentimento. Apenas repetir mecanicamente palavras

[63] CRITCHER, C. R.; DUNNING, D. Self-affirmations Provide a Broader Perspective on Self-Threat. **Personality and Social Psychology Bulletin**, v. 41, n. 1, p. 3–18, 15 out. 2014.

vazias não gera mudanças reais. É necessário envolver-se emocionalmente com cada afirmação, sentindo-a como verdadeira no presente.

Além disso, podemos potencializar as afirmações integrando-as a outras ferramentas do Método SOL, como a visualização e a meditação. Quando visualizamos nossa vida transformada ao pronunciar afirmações positivas, estamos comunicando ao nosso subconsciente uma nova realidade. A repetição consistente dessas práticas faz com que, pouco a pouco, nossa mente aceite essa nova versão de nós mesmos, e nossa vida começa a refletir essa transformação.

## A história de Valéria: o poder das palavras

Valéria sempre teve um sonho: ter o próprio apartamento. No entanto, sua realidade parecia contar uma história diferente. Seu saldo bancário não acompanhava sua ambição, e os anos passaram sem que ela conseguisse ver uma possibilidade concreta de realização.

Quando conheceu o poder das palavras, Valéria estava cética. Como simples afirmações poderiam mudar sua realidade? Ainda assim, decidiu tentar. Começou escrevendo uma carta para o Universo, afirmando e agradecendo como se já tivesse conquistado seu apartamento e um carro. Cada palavra foi escolhida com intenção e carregada de emoção e fé. Todos os dias, Valéria lia essa carta em voz alta e sentia a alegria da conquista como se já fosse real, visualizando sua nova realidade.

Porém, mesmo praticando todos os dias, a dúvida surgiu. "E se não funcionar? E se eu estiver apenas me iludindo?" Esses pensamentos vinham em momentos de fraqueza, mas Valéria decidiu não desistir. Lembrou-se de que a mente sempre busca evidências para sustentar suas crenças e que, se persistisse, poderia transformar a própria realidade.

Um mês depois de iniciar sua prática, algo inesperado aconteceu. Ela recebeu uma ligação de seu banco informando que havia sido contemplada em um consórcio de 50 mil reais, sem ter dado nenhum lance! Era exatamente do que ela precisava para dar entrada no seu tão sonhado apartamento. O que parecia impossível aconteceu de maneira quase mágica, reforçando sua crença no poder das palavras e da visualização.

Hoje, Valéria vive no apartamento que manifestou com suas palavras e sua fé. Sua história é um testemunho vivo de que, quando alinhamos pensamento, sentimento e ação, o Universo encontra uma maneira de nos surpreender

Essa experiência mostra que a realidade é moldada pela consciência. O que escolhemos acreditar, afirmar e sentir torna-se o alicerce das nossas conquistas. E, assim como Valéria, todos temos o poder de transformar nossa vida por meio da intenção e do uso consciente das palavras.

* * *

As afirmações positivas são uma ferramenta poderosa de transformação. Ao repetirmos frases que reforçam nossos desejos e crenças positivas, treinamos o cérebro para criar novas conexões neurais. Ao combinarmos palavras com emoção e intenção, programamos a mente para enxergar oportunidades e construir a realidade que desejamos.

Louise Hay, pioneira no uso das afirmações para cura e transformação, dizia que "cada pensamento que temos está criando nosso futuro".[64] Já Neville Goddard ensinava que nossa imaginação molda a realidade e que sentir-se no estado desejado é o segredo para manifestar mudanças. Ambos mostraram que palavras, aliadas a emoções genuínas, podem reescrever nossa história.

Nossos pensamentos moldam nossa realidade. Tudo em que acreditamos, consciente ou inconscientemente, influencia as decisões que tomamos, as oportunidades que enxergamos e até mesmo as circunstâncias que atraímos para nossa vida. As afirmações positivas são uma ferramenta poderosa para reprogramar a mente e transformar padrões que limitam nosso crescimento.

## O que são afirmações positivas?

Afirmações são declarações que reforçam crenças fortalecedoras e nos ajudam a lidar com desafios emocionais e mentais. À primeira vista, pode parecer ingênuo pensar que apenas repetir frases pode fazer alguma diferença. No entanto, como vimos, as palavras têm impacto real sobre o ambiente. Tal qual a água dos experimentos japoneses, plantas também sentem os efeitos das palavras, crescendo mais fortes e saudáveis quando expostas a gentilezas, enquanto aquelas submetidas a palavras negativas murcham mais rapidamente.[65] Da mesma forma, nossos pensamentos criam conexões no cérebro, e, quanto mais os repetimos, mais fortes essas conexões se tornam.

---

[64] "*Every thought we think is creating our future*". 101 best Louise Hay affirmations of all time. **Louise Hay**, 31 ago. 2017. Disponível em: www.louisehay.com/101-best-louise-hay-positive-affirmations/. Acesso em: 24 maio 2025.

[65] JEONG, J. E.; PARK, S. A. Physiological and Psychological Effects of Visual Stimulation With Green Plant Types. **International Journal of Environmental Research and Public Health**, v. 18, n. 24, p. 12932, 8 dez. 2021.

Agora pense: quais são as frases que você mais repete para si mesmo? Será que elas o deixam mais forte ou mais fraco?

## Benefícios das afirmações

Quando praticadas de modo consistente e intencional, as afirmações positivas podem:

- reprogramar o subconsciente para crenças mais fortalecedoras;
- melhorar a autoestima e a autoconfiança;
- reduzir níveis de estresse e ansiedade;
- diminuir preocupações e medos irracionais;
- criar uma visão mais otimista da vida;
- promover sentimentos de equilíbrio e harmonia;
- afetar positivamente nossas escolhas diárias;
- elevar nossa vibração.

## Como praticar afirmações de modo eficiente

A chave para que as afirmações realmente funcionem está no modo como você as pratica. Aqui estão algumas diretrizes para potencializar seus efeitos:

- **Diga em voz alta:** o som da própria voz reforça o impacto da afirmação na mente.
- **Use o tempo presente:** afirmações devem ser declaradas como se já fossem verdade, pois o cérebro responde melhor a mensagens no presente.
- **Evite palavras negativas:** em vez de dizer "Não quero mais me sentir ansioso", prefira "Eu me sinto calmo e em paz".
- **Escolha afirmações que ressoem com você:** elas devem gerar uma emoção genuína para serem eficazes.

Integrar as afirmações ao seu dia a dia facilita a criação desse novo padrão mental. Aqui estão algumas sugestões de onde colocá-las para que se tornem parte da sua rotina:

- **espelho do banheiro:** para recitá-las enquanto se prepara para o dia;
- **tela do celular ou computador:** como lembrete visual constante;
- **geladeira ou armários:** para reforçar sua mentalidade positiva ao longo do dia;

- **caderno de anotações:** escrevê-las pode aumentar ainda mais o seu impacto.

### Comece o dia com afirmações

Muitas pessoas praticam afirmações no melhor momento do dia: a manhã. Afinal, a mente ainda está em um estado receptivo. Durante esse período, o cérebro está saindo do sono profundo e transitando para um estado de alerta, frequentemente passando por uma fase de ondas alfa. Esse estado, caracterizado por ondas cerebrais entre 8 e 12 Hz, é associado ao relaxamento e à produtividade criativa, facilitando a absorção de novas informações.[66]

Repetir afirmações logo ao acordar não apenas ativa áreas do cérebro ligadas à motivação e ao bem-estar, como também estimula a plasticidade neural. Essa prática ajuda a criar novas conexões sinápticas que reforçam a autoconfiança e a resiliência. Ao se afirmar positivamente, você treina o cérebro a reconhecer oportunidades e a adotar uma mentalidade otimista. Com uma mentalidade positiva cultivada desde o início do dia, você se prepara para enfrentar desafios com mais clareza e confiança, influenciando sua percepção e comportamento ao longo das horas seguintes.

### Afirmações e a meditação

Para potencializar ainda mais os efeitos das afirmações, experimente integrá-las à sua prática meditativa. Durante a meditação, a mente está mais aberta a absorver novas ideias e incorporar mudanças positivas.

A prática das afirmações positivas não se resume apenas a repetir palavras; é também uma alternativa para mudar o modo como você se vê e se posiciona no mundo. Ao reforçar pensamentos fortalecedores, você cria uma nova relação consigo mesmo e abre caminho para uma realidade mais alinhada ao que realmente deseja.

## A transformação por meio das afirmações positivas

Nos momentos em que a vida nos desafia e o sofrimento parece intransponível, é natural nos sentirmos perdidos, como se a escuridão nunca fosse embora. É precisamente nesses instantes que as afirmações positivas se tornam a lanterna que ilumina nosso caminho.

---

[66] LARSON, J. What Are Alpha Brain Waves and Why Are They Important? **Healthline**, 9 out. 2019. Disponível em: www.healthline.com/health/alpha-brain-waves. Acesso em: 22 maio 2025.

No coração do Método SOL reside a verdade de que o sofrimento, embora doloroso, é uma oportunidade disfarçada. As afirmações nos permitem navegar pelas tempestades emocionais e, por meio delas, encontramos não apenas alívio, mas também o poder de manifestar nossos desejos mais profundos.

## Passos para ir da dor para a libertação

**Reescreva a história da dor:** imagine que você é o autor de sua vida. Ao introduzir afirmações como "Minha dor é um trampolim para a transformação" e "Eu só vejo oportunidades no meu caminho", você começa a reescrever o enredo. O que antes parecia um fardo agora se torna o precursor de uma nova narrativa de força e resiliência.

**Transforme a perspectiva:** em vez de sucumbir ao desespero, você pode afirmar: "Este desafio está aqui para me fortalecer". Com isso, as dificuldades se tornam não obstáculos, mas degraus que nos elevam a um novo nível de consciência e poder pessoal.

**Aprofunde-se na força interior:** a dor pode fazer com que você se sinta pequeno, mas, ao afirmar "Eu sou maior que a minha dor", você se conecta com a vastidão de sua coragem. Essa força interior é uma fonte de luz em tempos de escuridão. Jamais se esqueça: mesmo após as noites mais sombrias, o sol sempre voltará a brilhar.

**Cultive o espaço para a manifestação:** ao transformar a dor em um catalisador para a cura, as afirmações criam um espaço fértil para que seus desejos floresçam. Frases como "Estou aberto para receber abundância e amor" e "Eu só vejo oportunidades no meu caminho" alinham-se com a frequência do que realmente buscamos, atraindo aquilo que desejamos de maneira magnética.

* * *

Quando o sofrimento se apresentar, lembre-se: você tem o poder de moldar sua realidade. As afirmações positivas são sua chave para a libertação. Elas transformam a dor em aprendizado, a luta em crescimento e os desafios em oportunidades.

Neste caminho de autodescoberta, cada palavra que você escolhe ressoa. Opte por afirmar sua força, sua esperança e seu direito à felicidade. A magia não está apenas nas palavras, mas na intenção que você coloca nelas. Afinal, a grandeza da sua vida começa no momento em que você diz sim à sua própria jornada de cura.

Agora que entendemos o poder que as afirmações positivas exercem em nossa vida, é hora de levar essa compreensão para a prática. Essas palavras têm a capacidade de nos ajudar a superar desafios e trazer à tona o que há de melhor em nós. Ao integrar afirmações positivas ao nosso dia a dia, podemos criar um espaço de cura e manifestação, permitindo que nossos sonhos se tornem realidade. Vamos explorar duas técnicas poderosas para aplicar essas afirmativas de modo eficaz e transformar a nossa realidade.

## Prática de afirmações positivas

Para realmente incorporar as afirmações positivas em sua vida, uma das práticas mais poderosas que você pode adotar é escrever uma carta para o Universo. Neste exercício, você expressará gratidão pelas manifestações que já ocorreram e por aquelas que ainda estão por vir, criando uma conexão mais profunda com suas intenções.

### Passo 1: escrevendo a carta para o Universo

Encontre um lugar tranquilo onde você possa refletir. Pegue papel e caneta e comece sua carta assim:

*Querido Universo,*
*Hoje, quero expressar minha gratidão por todas as bênçãos já recebidas...*

Liste pelo menos cinco coisas pelas quais você é grato. Sinta a emoção dessas experiências e visualize como elas melhoraram sua vida. Em seguida, escreva sobre suas intenções futuras:

*Estou pronto para receber novas oportunidades de...*

Finalize a carta com um agradecimento:

*Obrigado por tudo o que está por vir. Estou aberto e receptivo. Com gratidão, [Seu Nome]*

### Passo 2: técnica PARA

No decorrer do seu dia, você pode se deparar com pensamentos negativos, especialmente ao repetir suas afirmações positivas. Quando essas vozes destrutivas tentarem tirar seu foco, é fundamental voltar à familiaridade de suas práticas de autoafirmação. É aqui que a **técnica PARA** se torna uma ferramenta valiosa para lidar de maneira construtiva com essas dificuldades.

## *Pare*

Antes de expressar qualquer palavra negativa sobre si mesmo, pare e reflita:

- "Isso é verdade?"
- "Onde isso começou?"
- "O que eu diria a um amigo se ele tivesse esse mesmo pensamento?"

## *Analise*

Analise o que você sentiu ao ouvir esse pensamento. Pergunte-se:

- "Como esse pensamento me afeta emocionalmente?"
- "Quais sentimentos estão emergindo?"

## *Responda*

Jamais reaja impulsivamente às suas emoções. Em vez disso, faça a seguinte pergunta a si mesmo:

- "O que esse pensamento está tentando me mostrar?"

## *Agradeça*

Ao longo do dia ou das semanas seguintes, observe as respostas que surgirem. Agradeça ao pensamento e à crença por terem mostrado áreas que precisam de atenção. Para reforçar essa nova crença, pegue papel e lápis e escreva sua gratidão. Descreva o que você aprendeu e como isso está lhe ajudando a se libertar das limitações.

A prática de escrever cartas para o Universo, combinada à **técnica PARA**, oferece um caminho poderoso para moldar sua autoimagem e fomentar um *mindset* positivo. Integrando essas abordagens à sua rotina, você se torna mais consciente de seus pensamentos e mais apto a transformar sua realidade.

## Passo 3: a oração interrogativa

A oração interrogativa é uma prática transformadora que nos conecta diretamente ao Universo. Quando fazemos perguntas sinceras, pedindo força, sabedoria ou clareza para enfrentar situações desafiadoras, abrimos caminho para respostas que frequentemente estão à nossa espera, mas que não conseguimos enxergar.

Por exemplo, ao enfrentar a dor da perda de um ente querido, você pode clamar: "Criador, como posso ter forças para superar essa dor?". Se as dificuldades financeiras se acumularem, pergunte: "Criador, poderia me mostrar como posso transformar minha situação financeira?". Para questões do coração, você pode dizer: "Criador, poderia me mostrar o que preciso fazer para atrair minha alma gêmea?". Essas perguntas não são apenas pedidos; são declarações de intenção que fortalecem seu caminho de descoberta.

Lembro-me de um momento crucial em minha vida, quando interroguei o Universo sobre meu propósito. Em uma semana, testemunhei uma mudança extraordinária: meus seguidores no Instagram saltaram de trezentos para cinco mil; *lives* que antes não atraíam ninguém agora contavam com a presença de mais de trezentas pessoas. Foi um milagre! Nesse processo, criei meu primeiro curso on-line e vendi mais de cinquenta vagas, mesmo sem entender nada de marketing digital.

Em outra ocasião, clamei ao Universo, gritando e chorando por causa da minha vida amorosa, depois de passar doze anos divorciada e solteira. Um mês depois, por meio de uma sincronização do Universo, meu primeiro namorado, após vinte e um anos separados, estava à minha porta em Copenhague. Estamos juntos até hoje. A oração interrogativa se tornou minha ferramenta de conexão com respostas que o Criador me ofereceu.

Agora, convido você a vivenciar essa prática. Pergunte ao Universo com a mesma coragem e vulnerabilidade. Permita que suas perguntas se tornem um canal para as respostas que sempre estiveram aí, esperando para serem descobertas. Experimente formular suas próprias perguntas. O que você deseja saber? Qual mudança você quer trazer para sua vida?

Ao vocalizar essas perguntas, você não apenas busca respostas, mas também se afirma e se empodera nesse processo. Essa fusão de afirmações e orações interrogativas pode criar um campo de manifestação capaz de transformar sua vida de maneiras inesperadas.

* * *

**QUANDO ALINHAMOS PENSAMENTO, SENTIMENTO E AÇÃO, O UNIVERSO ENCONTRA UMA MANEIRA DE NOS SURPREENDER.**

ENCONTRE O EXTRAORDINÁRIO EM MEIO ÀS CICATRIZES
@fermachadooficial

Agora, no próximo capítulo, vamos explorar como a visualização não só complementa as afirmações, mas também se integra à oração interrogativa, ativando seu potencial criativo e abrindo as portas para novas oportunidades.

Prepare-se para mergulhar ainda mais nessa ferramenta transformadora e descobrir como suas imagens mentais, juntamente com suas buscas sinceras, podem se traduzir em ações efetivas e vitórias de realização.

CAPÍTULO 12

# Sétimo passo: visualização do novo eu

A visão é o primeiro passo da viagem.

## A parábola do cavalo: o sofrimento como trampolim para o sucesso

Em uma pequena vila, havia um homem simples que tinha um filho muito jovem. O menino sempre sonhara em ter um cavalo, e, depois de muito trabalho e esforço, o pai conseguiu juntar o dinheiro necessário para comprar o tão sonhado presente. O garoto estava radiante de felicidade e, assim que montou no cavalo, algo inesperado aconteceu: o menino caiu e quebrou a perna.

Os vizinhos, ao saberem do ocorrido, correram até a casa do pai para lamentar: "Que azar, seu filho quebrou a perna! Agora ele não poderá ajudá-lo nas colheitas. Que tragédia!".

O pai, com um olhar sereno, respondeu: "Isso é bom ou ruim? Quem pode saber?".

Alguns dias depois, o cavalo do menino fugiu. Os vizinhos, novamente, se reuniram para comentar sobre a situação: "Agora o cavalo foi embora! Todo o dinheiro que você gastou para comprá-lo se perdeu!".

O homem, imperturbável, mais uma vez respondeu: "Isso é bom ou ruim? Quem pode saber?".

Então, meses depois, a guerra eclodiu, e todos os homens jovens da vila foram convocados para lutar. O filho do homem, com a perna quebrada, foi poupado de ser enviado para a batalha, enquanto os outros jovens partiram.

Quando os vizinhos souberam disso, foram até o pai para expressar sua surpresa: "Seu filho não foi à guerra! Ele foi poupado porque se machucou! Que sorte!".

O pai, com um sorriso tranquilo, respondeu uma vez mais: "Isso é bom ou ruim? Quem pode saber?".

* * *

Essa parábola nos ensina que, muitas vezes, aquilo que parece ser uma desgraça, uma perda ou um sofrimento, pode ser, na verdade, uma bênção disfarçada. A dor, as dificuldades e as perdas são parte inevitável da vida, mas, como na parábola, muitas vezes elas abrem caminho para algo muito maior.

Esses momentos de dificuldade são, de fato, o que nos preparam para algo maior que está por vir. Eles não são o fim, mas uma parte do processo de transformação que precisamos viver para alcançar nosso potencial completo.

Porém, existem princípios, ou leis, que regem o Universo. O Kybalion, antigo texto hermético que revela as Leis Universais, ensina que tudo no Universo segue princípios precisos e imutáveis.[67] Nada acontece por acaso; há uma ordem invisível guiando cada experiência e cada criação. Para que possamos entender melhor o poder da visualização, vamos explorar um pouco duas dessas leis.

A primeira é a **Lei do Mentalismo**, que diz que o Universo coopera com a nossa transformação. Segundo ela, o Universo é mental e, portanto, tudo começa na mente. Aquilo que pensamos e em que acreditamos molda a nossa realidade. O que hoje existe no mundo físico um dia foi apenas um pensamento na mente de alguém. Quando compreendemos isso, passamos a enxergar nossa própria vida sob uma nova perspectiva: em vez de nos sentirmos reféns das circunstâncias, percebemos que temos o poder de transformar qualquer situação com base na maneira como a interpretamos e na energia que direcionamos a ela.

No Método SOL, essa ideia é fundamental. Quando entendemos que nossos pensamentos e emoções são a base da nossa realidade, o sofrimento ganha um novo significado. As dificuldades deixam de ser apenas obstáculos e passam a ser trampolins para o crescimento. Mas como podemos, na prática, alinhar nossa mente e nossa energia àquilo que desejamos manifestar?

Aqui entra a **Lei da Vibração e da Ação**, a segunda Lei Universal. Ela ensina que tudo no Universo está em constante movimento, e cada pensamento e emoção que emitimos possui uma frequência vibracional própria. Quanto mais alinhados estivermos com a frequência dos nossos sonhos, mais fácil será atraí-los para a nossa realidade. O Universo responde à nossa vibração, e é por isso que a visualização, o sétimo passo do Método SOL, é uma ferramenta poderosa.

Quando visualizamos com clareza, sentimos como se já estivéssemos vivendo aquilo que desejamos. Essa prática gera um campo vibracional

[67] OS TRÊS INICIADOS. **O Caibalion.** Barueri: Camelot Editora, 2022.

intenso, sincronizado com as oportunidades, pessoas e situações que nos aproximam de nossos objetivos. A visualização é o primeiro passo para tornar o invisível visível; o abstrato concreto.

Neste capítulo, vamos aprender como usar a visualização para entrar na frequência dos nossos sonhos e transformar intenções em realidade.

Se você ainda tiver dúvidas quanto ao poder da visualização, eu gostaria de relembrar da história de Jim Carrey, que exploramos no capítulo 5. No começo de sua carreira, ele estava em um momento de grande dificuldade financeira. Ele morava em um carro e não tinha dinheiro nem para pagar as contas. Mas ele não desistiu. Jim Carrey escreveu um cheque para si mesmo no valor de dez milhões de dólares, com a data de vencimento de cinco anos à frente. Ele visualizou a si mesmo recebendo aquele dinheiro e imaginou-se trabalhando em grandes filmes, sendo um grande ator.

O que aconteceu? No prazo de cinco anos, ele recebeu dez milhões de dólares por seu trabalho no filme *O mentiroso*. Jim Carrey usou a visualização como uma ferramenta de criação de sua realidade, e o Universo respondeu à sua intenção clara e focada.

## A visualização no Método SOL

Agora, vamos conectar tudo isso ao sétimo passo do Método SOL: **a visualização**. Essa prática, que foi crucial para Jim Carrey, é também essencial para transformar sofrimento em sucesso. Quando usamos a visualização, não estamos apenas imaginando um futuro distante. Estamos, de fato, criando uma nova realidade, alinhando nossa mente às vibrações e energias do que desejamos manifestar.

No Método SOL, a visualização é uma ferramenta que transforma o sofrimento em ação. Quando você visualiza, está dando um novo significado à sua experiência, vendo além da dor ou da dificuldade e acessando o poder do Universo para criar novas possibilidades. Ao fazer isso com intenção e clareza, você começa a atrair as condições, oportunidades e pessoas certas para sua vida.

Você sabia que o segredo do sucesso de muitas pessoas extraordinárias – artistas, atletas de alta performance, empreendedores e líderes – tem um ponto em comum? Elas aprenderam a usar o poder da visualização. Mas, afinal, o que é visualização e como podemos usar essa ferramenta a nosso favor?

Imagine que sua mente é um vasto campo fértil, pronto para florescer. Assim como um agricultor cuida da terra antes de plantar, você também precisou preparar seu terreno interior para que seus sonhos pudessem germinar.

E foi exatamente isso que você fez até aqui. Nos passos anteriores do Método SOL, você limpou as pedras e as ervas daninhas – reconhecendo sua criança interior, perdoando feridas antigas, reconstruindo sua autoimagem, silenciando a mente por meio da meditação, cultivando a gratidão e fortalecendo sua fé com afirmações positivas. Agora, esse solo está pronto. Limpo, fértil e nutrido. O próximo passo? Plantar as sementes certas.

Cada imagem que você cria na sua mente é uma semente viva, carregada de energia e potencial. A visualização é a arte de semear esses sonhos e nutrir sua transformação. Não basta apenas sonhar, é preciso imaginar com intenção, sentir com intensidade e acreditar com convicção.

Esse é o segredo que tantas pessoas bem-sucedidas conhecem – mesmo que não o chamem por esse nome. E você também vai descobrir como usar o poder transformador da visualização. É uma prática simples, mas extraordinária, capaz de mudar sua realidade de dentro para fora. A visualização não é um exercício inocente de fantasia. É um ensaio mental para a vida que você quer viver. É como um filme que você mesmo escreve, dirige e protagoniza. Só que, nesse filme, a magia acontece quando você começa a acreditar na história que está contando para si.

Pense nisso: dançar é muito mais fácil quando usamos as duas pernas. Viver uma vida extraordinária também exige equilíbrio. Lembra que falamos que o cérebro tem dois hemisférios? De um lado, está o hemisfério esquerdo, o responsável pela lógica, análise e razão. Ele resolve problemas, calcula riscos e organiza sua rotina. Do outro lado, está o hemisfério direito, o lar da criatividade, da intuição e dos sonhos. É por meio dele que você acessa a visão do impossível e ousa se perguntar: "E se for possível?".

Foi assim que visionários como Henry Ford e Steve Jobs mudaram o mundo. Eles não se prenderam ao que era lógico ou provável. Eles ousaram visualizar um futuro que ninguém mais conseguia ver.

Quando você pratica a visualização, ativa essa parte criativa, intuitiva e poderosa do cérebro. Se você pudesse criar qualquer realidade, o que criaria? Como seria a vida dos seus sonhos? O que você faria se soubesse que tudo é possível?

É muito importante ter as respostas dessas perguntas claras para si mesmo, pois quando não se sabe o que quer, qualquer coisa serve. Mas quando você tem clareza da sua visão, o Universo começa a trabalhar a seu favor.

A visualização é a chave-mestra da manifestação. Ela conecta pensamento, sentimento e ação, a tríade que transforma sonhos em realidade.

Prepare-se, porque o que vem agora pode mudar para sempre a maneira como você enxerga a sua vida e como você cria sua própria realidade.

## A poderosa jornada da visualização

Tudo começou em um colchão fino, estendido sobre o chão gelado da casa da minha avó, em Betim, Minas Gerais. O cheiro de mofo, o frio cortante da madrugada e o silêncio pesado eram companhias constantes. A coberta que me aquecia tinha um rasgo, que quase a separava ao meio, como se refletisse exatamente como eu me sentia por dentro: partida.

Naquela época, as circunstâncias ao meu redor pareciam definitivas: fome, abandono, humilhação. Se eu tivesse acreditado que aquilo era tudo o que a vida tinha para mim, talvez este livro nunca existisse. Mas, no meio do caos, encontrei um refúgio silencioso: sonhar acordada.

Antes de dormir, fechava os olhos e me permitia escapar para um mundo onde tudo era diferente. No teatro secreto da minha mente, eu me via morando em um apartamento grande e aconchegante, falando inglês fluentemente, levando minhas duas filhas ao balé em um carro preto de quatro portas. A geladeira estava sempre cheia, e a minha carteira, recheada de dinheiro. Esse era o meu maior sonho naquela época: paz, conforto e liberdade.

O curioso é que, naquela época, eu não sabia que aquilo que fazia todas as noites, de maneira intuitiva, tinha um nome e um poder real. Foi só nove anos depois, durante uma escala no aeroporto de Lisboa, que me deparei com um livro que parecia ter sido escrito para mim. Quando abri aquelas páginas, descobri que aquele exercício noturno, que me tirava por alguns minutos do colchão fino e me transportava para um futuro diferente, se chamava visualização. Mal sabia eu que aquele pequeno hábito, praticado no silêncio das noites frias, estava moldando cada detalhe do que eu viveria no futuro.

Em 2004, já vivendo na Europa, voltei a praticar a visualização; agora, de modo consciente e intencional. Meu novo sonho era ousado: abrir uma loja de grifes femininas no centro de Copenhague. Todas as noites, eu me imaginava celebrando a inauguração, visualizando cada detalhe do espaço, sentindo a alegria e o orgulho de realizar aquele desejo.

E o Universo respondeu, como sempre responde. Só que, para minha surpresa, ele foi além. Não apenas manifestei minha loja, mas uma loja três vezes maior do que eu havia sonhado, localizada em uma das ruas mais caras do mundo: a rua da Louis Vuitton.

Foi nesse momento que compreendi algo essencial a respeito do poder da visualização: o Universo adora fazer *upgrades* nos nossos sonhos. Mas também aprendi que ele não interpreta aquilo que não dizemos: ele entrega exatamente o que visualizamos.

Naquela primeira visualização, quando me via com minhas filhas, eu me via sozinha. Sem perceber, acabei manifestando também um divórcio e os desafios de criar minhas meninas sem um companheiro ao meu lado. Na segunda, na euforia do sonho, visualizei a comemoração da inauguração da loja, os móveis lindos, as araras cheias de roupas encantadoras... só que nunca imaginei a loja cheia de clientes. E assim foi. A loja era um cenário perfeito, mas vazio.

Foi ali que caiu minha ficha: não basta sonhar. É preciso sonhar com clareza, com detalhes, com intenção verdadeira. Caso contrário, podemos manifestar exatamente aquilo que pedimos e perceber, tarde demais, que faltava o mais importante.

Essa jornada me ensinou que visualizar não é apenas fechar os olhos e desejar algo. É criar, sentir, viver, ajustar os detalhes e, principalmente, entender que somos os arquitetos invisíveis da nossa própria realidade.

Agora que você já entendeu a importância da visualização como ferramenta para criar a vida que deseja, é fundamental que também saiba o que evitar para não cair na armadilha de manifestar desejos pela metade – como, por muito tempo, eu mesma fiz.

Talvez você esteja aí, querendo algo, visualizando, mas, no fundo, sentindo que sempre recebe só migalhas do Universo. É disso que nós precisamos falar.

A visualização é um superpoder que todos nós temos, mas que poucas pessoas sabem usar da maneira certa. Imagine que cada ser na natureza tem uma habilidade própria: algumas aves voam, os peixes respiram debaixo d'água, felinos escalam com agilidade. E nós, seres humanos? Nossa habilidade única é criar mentalmente realidades que ainda não existem. Nosso superpoder é a mente. Por meio dela, somos capazes de ultrapassar os limites do mundo físico. Podemos viajar para qualquer lugar, viver qualquer experiência, criar qualquer cenário; tudo dentro da nossa imaginação. E aqui está um ponto crucial: o mundo em que você vive hoje foi, em algum momento, imaginado por você, consciente ou inconscientemente.

Quando não sabemos usar esse poder de maneira consciente, ele funciona no piloto automático, criando mais do mesmo, muitas vezes baseado nos medos, nas crenças limitantes e nas dores do passado.

É por isso que tanta gente deseja coisas incríveis, mas acaba manifestando apenas pedaços quebrados desses desejos porque, ao imaginar, não conseguem sustentar a emoção verdadeira da realização. Visualizam querendo, mas sentem medo de não conseguir. Visualizam desejando, mas duvidando logo em seguida.

E aqui está um dos maiores segredos da manifestação: o seu desejo só se torna realidade quando está inteiro dentro de você. Quando você acredita, sente e vê aquilo como possível, como já sendo seu. Caso contrário, você apenas emite sinais confusos para o Universo.

Essa não é uma ideia abstrata. É ciência. A visualização funciona porque ativa o sistema nervoso de modo tão real quanto uma experiência física. Prova disso é um estudo feito pela Universidade de Chicago nos anos 1990.[68] Os pesquisadores dividiram os participantes em três grupos para treinar lances livres de basquete: o primeiro grupo praticava fisicamente todos os dias, o segundo grupo não fazia nada, o terceiro grupo apenas visualizava, diariamente, que estava acertando os arremessos.

O resultado foi surpreendente: o grupo que não fazia nada não mostrou nenhuma melhora. O grupo que praticava fisicamente melhorou 24%. O grupo que apenas visualizava melhorou 23%. Ou seja, quase o mesmo resultado, sem sequer encostar na bola.

Isso acontece porque, ao visualizar, você ativa os mesmos circuitos cerebrais que usaria na prática física. Seu cérebro não distingue o real do imaginado quando a emoção está presente. E emoção é tudo. É aqui que a maioria erra: visualiza sem sentir, sem mergulhar de verdade na experiência. Ou pior, visualiza e, logo depois, volta a alimentar pensamentos de escassez, dúvida, medo.

Lembre-se: não existe espaço para desejos pela metade. Ou você vibra na frequência do que deseja, ou estará vibrando na falta.

Você pode até dizer que quer um novo amor, um novo trabalho, mais dinheiro ou saúde. Mas se, ao fechar os olhos, você não se vir verdadeiramente vivendo essa realidade com alegria, orgulho e gratidão, o que estará enviando ao Universo é um sinal de carência, não de realização. Por isso, neste passo do Método SOL, minha missão é fazer com que você pare de manifestar apenas migalhas e comece a cocriar uma vida plena, na qual seus sonhos são inteiros, possíveis e reais.

---

[68] POWER of Visualization. **Success thINC.**, 20 jan. 2011. Disponível em: www.philcicio.com/power-of-visualization/. Acesso em: 24 maio 2025.

Quando você entende que a visualização não é um jogo de imagens soltas, mas um treinamento mental e emocional, tudo muda. Você deixa de ser vítima do acaso e passa a ser autor da sua realidade.

Mas a visualização não serve apenas para criar cenários perfeitos. Ela também pode, e deve, ser usada nos momentos desafiadores, quando tudo parece desmoronar. É aí que ela se torna ainda mais poderosa.

No final deste capítulo, você encontrará uma prática guiada para exercitar esse poder com consciência, para que, a partir de agora, você não apenas imagine, mas sinta, vibre e manifeste, sem deixar nada pela metade.

## Visualizando desafios como oportunidades

Imagine que você pode atravessar os desafios da vida com mais leveza, encontrando soluções criativas para problemas que antes pareciam impossíveis. E se cada obstáculo que surgisse no seu caminho se tornasse, na verdade, um trampolim para o seu sucesso?

É exatamente isso que acontece quando você aprende a usar a visualização de maneira consciente. Em vez de permitir que o medo ou a ansiedade o dominem, você pode visualizar-se superando as dificuldades, encontrando respostas inesperadas e sentindo, no seu corpo, a satisfação de vencer.

Quando você se vê enfrentando desafios com confiança, seu cérebro começa a se preparar para agir dessa forma na vida real. Essa não é apenas uma mudança emocional; é também fisiológica. A neuroplasticidade é ativada quando você visualiza suas vitórias.

Você começa a programar sua mente para olhar para os problemas de outro jeito. Em vez de vê-los como muros intransponíveis, passa a enxergá-los como oportunidades de crescimento e transformação.

Agora, reflita comigo: e se a sua dor não fosse um peso, mas um impulso? O sofrimento que você carrega pode ser o combustível que o levará a um novo patamar. Ao visualizar como essa dor pode se transformar em força, você começa a acionar um mecanismo interno que o equipa não apenas para sobreviver aos desafios, mas para florescer por meio deles.

Quando estiver diante de uma situação difícil, experimente parar, fechar os olhos e visualizar não só a solução, mas também a pessoa que você se tornará ao superar aquilo. Imagine-se mais forte, mais resiliente, mais confiante. Sinta essa sua versão pulsando, viva e pronta para agir.

Neste processo, você não apenas começa a ver oportunidades onde antes havia barreiras, mas também constrói, mental e emocionalmente, o caminho que o levará ao sucesso.

Lembre-se sempre: seu sofrimento pode ser a chave que abre as portas da realização e da descoberta. A visualização é o mapa, a ação, o caminho. Para que isso fique ainda mais claro, quero compartilhar com você a história real de uma aluna que transformou sua vida aplicando exatamente este passo do Método SOL.

## O caso de Denise

Durante um período de exaustão profunda, Denise vivia em *burnout*. CEO, trabalhava mais de dezesseis horas por dia, viajava entre estados semanalmente e ainda precisava dar atenção e cuidar da filha de 6 anos. Sentia que ia desmoronar, até que um dia caiu em uma das minhas *lives* e ouviu a minha história: filha de uma ex-moradora de rua e de um pai usuário de drogas, que superou vícios, falência e divórcio. Ela se identificou na hora. O pai de sua filha, seu ex-marido, também era viciado em cocaína, e ouvir alguém que tinha transformado uma origem tão desafiadora em sucesso reacendeu nela a esperança de que ela sairia do *burnout* e melhoraria sua qualidade de vida. Denise começou a praticar as ferramentas do Método SOL, desacelerou, se reconectou com sua criança interior, aprendeu a meditar e começou a se priorizar. Hoje, vive com mais leveza, encontrou equilíbrio entre o trabalho e sua vida pessoal e, pela primeira vez, sente paz ao se deitar.

Ela decidiu aplicar as ferramentas do Método SOL com disciplina, especialmente a visualização. Todos os dias, mesmo exausta entre uma viagem e outra, Denise tirava alguns minutos para fechar os olhos e se imaginar vivendo uma vida diferente. Visualizava estabilidade emocional, tempo de qualidade com a filha, um trabalho com mais propósito. Sentia, na alma, que isso já era real.

Em pouco tempo, os sinais de mudança começaram a surgir. Ela voltou a dormir bem, coisa que não conseguia fazer há meses. Passou a estabelecer limites no trabalho, reorganizou a agenda e retomou o autocuidado. Mas o mais importante foi o que mudou por dentro: Denise deixou de se ver como vítima do ritmo frenético e começou a se enxergar como a autora da própria história.

Em um dos treinamentos, ela mergulhou ainda mais fundo. Aperfeiçoou sua prática de visualização e ousou sonhar maior: desejava viver com mais liberdade, dedicar-se a projetos com alma e, acima de tudo, ser uma mãe presente, sem culpa.

Foi assim que descobriu um novo propósito: o marketing digital. Algo que antes parecia distante agora fazia sentido. Ela queria ajudar outras pessoas a se libertarem da pressão e do esgotamento, exatamente como fez consigo mesma.

No final de 2024, Denise realizou essa transformação. Mudou de área, passou a trabalhar com marketing digital de forma independente e conquistou o equilíbrio que tanto buscava. A conexão com a filha se fortaleceu e, pela primeira vez em anos, ela se sentia inteira.

* * *

A jornada de Denise nos ensina que a visualização não é um simples exercício mental. É um ato de coragem, uma decisão diária de acreditar no invisível e agir como se já fosse realidade. Quando usamos nossa dor como trampolim, como ela fez, somos capazes de ir muito além do que imaginávamos ser possível.

Agora, chegou o momento de você também acessar esse poder. Prepare-se para uma prática guiada, na qual exercitará, passo a passo, essa habilidade que pode transformar sua vida, exatamente como transformou a vida de Denise.

## A arte de ver com os olhos fechados

Você já aprendeu que a visualização é muito mais do que imaginar algo bonito, ela é o mecanismo poderoso que transforma sonhos em realidade. Mas, para que essa ferramenta funcione de maneira plena, é preciso usá-la com clareza, foco e emoção. Então vamos nos aprofundar no que é a visualização de modo concreto, explorar os benefícios da prática e entender os dois caminhos que ela nos oferece: visualizar o resultado e visualizar o processo.

### Visualizar é criar o futuro

Imagine que sua mente seja uma tela, onde você projeta filmes todos os dias. Esses filmes podem ser cheios de cenas de dor, medo e dúvidas, ou podem ser repletos de vitórias, alegria e sucesso. Cada vez que você fecha os olhos e se imagina vivendo a vida dos seus sonhos, você está regravando o roteiro interno que, silenciosamente, orienta suas escolhas e ações.

Quando você visualiza de modo claro e detalhado, seu cérebro não faz distinção entre o que é real e o que é imaginado. Ele ativa os mesmos circuitos que usaria se você estivesse realmente vivendo aquela experiência. Isso significa que, ao se ver alcançando um objetivo, seu corpo e mente começam a se preparar para que isso aconteça.

## Os dois caminhos da visualização

Existem dois tipos fundamentais de visualização que, quando combinados, potencializam seus resultados.

- **Visualização do resultado:** neste método, você foca o destino final; a vida que deseja ter. Feche os olhos e imagine, com todos os detalhes, como seria o seu dia ideal. Onde você mora? Com quem convive? Quais sensações experimenta ao acordar? Essa técnica funciona como um ímã, atraindo as oportunidades, as pessoas e as condições que farão seu sonho se tornar realidade.
- **Visualização do processo:** aqui, a atenção se volta para os passos que levarão você ao seu objetivo. Em vez de se fixar somente no destino, você se imagina superando desafios, aprendendo, evoluindo e tomando as atitudes necessárias para chegar lá. Ao visualizar o caminho, você reduz a ansiedade, ganha segurança e torna os obstáculos menos intimidadores.

Ao usar os dois tipos de visualização, você envia à sua mente um sinal claro: "Eu sei exatamente o que quero e como chegar lá". Essa clareza mental e emocional é a chave para evitar manifestar desejos pela metade, algo que precisei aprender da maneira difícil.

## Os benefícios de uma visualização bem-feita

Quando você adota uma prática de visualização consistente e com foco, os benefícios se manifestam em várias áreas da sua vida.

- **Ativação da criatividade:** ao visualizar, você abre espaço para que sua mente gere ideias e soluções inovadoras, muitas vezes sem perceber.
- **Programação neurológica:** o cérebro passa a reconhecer oportunidades e recursos que antes estavam invisíveis. Ele se torna um aliado na identificação de caminhos que o aproximam do seu sonho.
- **Fortalecimento da motivação:** quando você vivencia internamente a experiência do sucesso, sua motivação aumenta. Você passa a acreditar que é possível alcançar o que deseja e se dedica com mais afinco.
- **Redução da ansiedade:** visualizar os passos do processo ajuda a mitigar o medo do fracasso, pois você já ensaiou mentalmente como superar cada obstáculo.

- **Aumento da confiança:** ao experimentar, em sua mente, o sentimento de conquista, você fortalece sua autoimagem e constrói a convicção de que merece e é capaz de ter sucesso.
- **Ativação da Lei da Atração:** quando seus pensamentos, emoções e intenções estão alinhados ao seu sonho, você começa a atrair pessoas, recursos e oportunidades que colaboram para a realização dos seus desejos.
- **Criação de novos caminhos neurais:** estudos em neurociência mostram que, ao praticar a visualização, o cérebro cria conexões novas e mais eficientes, facilitando a execução das ações necessárias para o sucesso.[69]

Esses benefícios não são meras promessas teóricas; eles já foram experimentados por atletas olímpicos, empresários de sucesso, artistas renomados e inúmeras pessoas que decidiram transformar a própria realidade por meio da visualização.

Pare por um instante e se pergunte: se tudo fosse possível, o que você realmente desejaria ver acontecendo na sua vida? Imagine que o Universo lhe ofereça uma folha em branco e diga: "Desenhe aqui a sua vida ideal". O que você veria? Como seria o cenário em que todos os seus sonhos se materializam? Esta é a essência da visualização: dar forma, cor e emoção ao futuro que você deseja criar.

Lembre-se de que, se a sua imagem interna for vaga ou cheia de dúvidas, as chances de manifestar algo incerto também serão maiores. A clareza e a intensidade emocional com que você visualiza são os combustíveis que acendem a mudança. É como preparar um solo fértil: se você plantar uma semente sem cuidado, ela não terá o mesmo potencial de florescer.

## Preparando o terreno para a prática

Agora que você compreende o que é a visualização e os incríveis benefícios que ela pode proporcionar – desde a ativação da sua criatividade até o fortalecimento da sua autoconfiança – é hora de se preparar para colocar esse conhecimento em ação.

Imagine sua mente como uma oficina onde você pode moldar, dia após dia, a melhor versão de si mesmo. Cada pensamento positivo, cada imagem clara e cada emoção vivida durante a visualização é um tijolinho na construção do seu futuro. Ao se comprometer a praticar essa arte com regularidade,

---

[69] MARIANO, M. Visualização: a importância do exercício mental. **Ativo**, 28 jun. 2018. Disponível em: www.ativo.com/expert/visualiza-que-realiza-exercicio-mental/. Acesso em: 21 jun. 2025.

você não apenas se torna mais apto a superar desafios, mas também passa a criar oportunidades de sucesso que antes pareciam inalcançáveis.

Assim, antes de seguirmos para a prática guiada, quero que você sinta a importância de tornar essa técnica uma parte fundamental da sua rotina. Lembre-se: ao visualizar de modo completo – unindo o resultado sonhado ao processo para alcançá-lo –, você está dando o primeiro e mais decisivo passo rumo a uma vida transformada.

Agora, você terá a oportunidade de vivenciar uma prática guiada de visualização que reúne todos esses conceitos. Ela foi cuidadosamente estruturada para que você possa experimentar intensamente tanto o resultado quanto o processo, ativando a energia necessária para manifestar seus maiores desejos.

Feche os olhos, respire fundo e deixe-se conduzir. Permita que a sua mente pinte com cores vivas o futuro que você tanto almeja – um futuro no qual cada desafio se transforma em oportunidade, e cada sonho, em realidade. A transformação está ao seu alcance. E tudo começa aqui, agora, na arte de ver com os olhos fechados.

## Escrevendo e vivendo sua visão de vida

Antes de mergulhar na prática de visualização, reserve alguns momentos para se conectar com seu desejo mais profundo de transformação. Este é o primeiro passo para criar uma nova realidade, uma realidade que você já vive no presente, com gratidão, alegria e realização.

### *Escreva sua visão de vida*

Pegue papel e caneta. Em um ambiente calmo e sem distrações, escreva com todos os detalhes como você deseja que seja sua vida nos próximos cinco anos.

Lembre-se: escreva no presente, como se essa realidade já estivesse acontecendo. Em vez de "Eu quero...", use afirmações como:

- Eu estou muito feliz e grato por morar nos Estados Unidos.
- Eu tenho um emprego de sucesso que me realiza e me impulsiona a crescer a cada dia.

Pergunte a si mesmo:

- Como é o lugar onde eu vivo?
- Quem está ao meu redor e como são meus relacionamentos?

- Quais conquistas diárias me enchem de orgulho e satisfação?
- Quais sensações e emoções preenchem cada momento da minha vida?

Seja específico e permita-se sentir, enquanto escreve, a emoção de já viver essa nova realidade. Essa clareza não só orientará seus pensamentos, mas também ancorará sua mente no caminho da realização.

> **Dica:** mantenha esse papel em um local visível – na mesa de trabalho, no espelho ou em um diário especial – para que você revisite essa emoção todos os dias, reforçando seu compromisso com a transformação.

## Prática guiada: transformação pela visualização

Agora, com sua visão escrita e guardada, é hora de transformar essas palavras em uma experiência viva. Esta prática guiada foi criada para que você se veja, em todos os sentidos, já vivendo a vida com que sempre sonhou, libertando-se do sofrimento e tornando-se o vencedor que você é.

### *Etapa 1: preparação e conexão*

- **Encontre um lugar tranquilo:** sente-se ou deite-se confortavelmente. Certifique-se de que você está em um ambiente calmo em que não haverá interrupções.
- **Respire com consciência:** feche os olhos e inspire profundamente pelo nariz, enchendo os pulmões com ar puro, e expire lentamente pela boca. Repita esse ciclo por alguns minutos, permitindo que cada respiração leve embora as tensões e prepare seu corpo para a transformação.
- **Sintonize sua energia:** imagine uma luz suave, quente e acolhedora no centro do seu coração. Essa luz simboliza o seu poder interior, pronto para ser ativado e reprogramado para o sucesso.

### *Etapa 2: visualização do novo eu*

Recupere sua visão escrita: com os olhos fechados, traga à mente a visão de vida que você escreveu. Veja essa imagem com riqueza de detalhes – cada cor, cada som, cada sensação.

- **Visualize seu ambiente:** onde você vive? Observe o cenário, os objetos, as pessoas e os pequenos detalhes que fazem desse lugar o seu lar de realizações.
- **Visualize seus relacionamentos:** imagine as pessoas com quem você convive, os sorrisos, os abraços e a harmonia que os une.
- **Visualize suas conquistas:** sinta a energia das vitórias diárias, a segurança de um emprego que lhe impulsiona e o orgulho de cada meta alcançada.
- **Sinta a transformação:** permita que as emoções de alegria, gratidão e realização inundem seu ser. Sinta, em cada célula, a certeza de que você já vive essa nova realidade. Deixe que essa emoção se ancore profundamente, como se fosse uma verdade absoluta.

## *Etapa 3: técnica de ensaio – "rehearsal" – da transformação*

- **Entre no filme da sua vida ideal:** imagine que você está assistindo a um filme – um filme em que você é o protagonista. Veja-se, com todos os detalhes, agindo, sorrindo e superando desafios.
- **Entre na cena:** imagine que você dá um passo à frente e entra nesse filme. Sinta a temperatura do ambiente, ouça os sons ao redor e veja tudo através dos seus próprios olhos.
- **Viva a experiência:** permita-se sentir a vitória, a segurança e a energia de cada conquista. Essa imersão total é o seu ensaio mental, preparando seu cérebro para reconhecer e atrair essa realidade.
- **Reprograme os padrões negativos:** identifique aqueles pensamentos e emoções que o prendem ao sofrimento – os "não posso", as dúvidas e os medos. Visualize-os como nuvens escuras que se dissipam lentamente.
- **Transforme o negativo:** com a clareza da sua nova imagem, veja essas nuvens sendo substituídas por uma luz vibrante, símbolo da sua renovação e do seu poder de transformação.
- **Reescreva mentalmente:** imagine que, em vez de pensamentos limitantes, agora ecoam em sua mente afirmações positivas, como "eu sou capaz", "eu sou forte" e "eu já sou o meu sucesso."
- **Ancore sua nova realidade:** finalize essa experiência com uma afirmação poderosa repetida mentalmente: "Eu sou o arquiteto do meu destino. Hoje, libero o sofrimento e abraço o meu novo eu, repleto de força, amor e sucesso". Sinta cada palavra como um selo, uma garantia de que sua nova realidade está sendo construída a cada respiração.

**O SOFRIMENTO QUE VOCÊ CARREGA PODE SER O COMBUSTÍVEL QUE O LEVARÁ A UM NOVO PATAMAR.**

### *Integração e compromisso diários*

A chave para transformar sua vida está na consistência. Quanto mais você pratica a visualização, mais fortalece essa conexão com a realidade que deseja criar. Ao visualizar todos os dias, ao acordar e antes de dormir, você reprograma sua mente, sintoniza sua vibração com seus sonhos e começa a atrair naturalmente as oportunidades que estão alinhadas à sua visão.

Sua visão de vida escrita é o mapa que guiará cada ensaio visual. Revise-a frequentemente e permita que ela se torne cada vez mais viva em sua mente. Para facilitar esse processo, você pode gravar um áudio com sua própria voz, descrevendo com riqueza de detalhes a vida que deseja viver. Ao ouvir esse áudio, entregue-se à experiência, sinta as emoções, absorva cada imagem mental e permita que essa visão se torne a base do seu novo eu.

## Concluindo a prática

Feche os olhos, respire fundo e sinta o poder dessa transformação. Cada visualização é um passo a mais na direção da vida que você sempre sonhou – uma vida onde o sofrimento se transforma em força; os desafios em oportunidades; os sonhos em realidade.

Este exercício é essencial para prosperar no Método SOL. Ao integrar a escrita da sua visão com a prática guiada, você não só reprograma sua mente para o sucesso, mas também se torna o protagonista da sua própria história, vivendo intensamente cada conquista.

Confie no processo, repita essa prática diariamente e permita que sua nova realidade floresça. Você é o criador do seu destino e, a partir deste momento, cada passo seu estará alinhado ao futuro extraordinário que já está sendo escrito na sua mente e no seu coração.

Que essa prática ilumine seu caminho e transforme sua vida para sempre. Viva a mudança. Visualize-a com clareza, a sinta com intensidade e abrace a vitória que já é sua!

CAPÍTULO 13

# Transformando sofrimento em sucesso

"A vida é bem interessante; no final, algumas das suas maiores dores se tornam suas maiores forças."
***Drew Barrymore***[70]

**Imagine olhar para trás, daqui a alguns meses, e perceber que sua** vida mudou completamente. Você conquistou aquilo que parecia impossível, superou bloqueios que pareciam intransponíveis e finalmente sente que está no caminho certo. O que fez a diferença? Você decidiu agir.

Mas antes de contar para você o que é possível, eu preciso lembrar você do que já foi real para mim. No decorrer deste livro, é tentador focar apenas as partes da minha história que ocorreram na Europa, com uma loja em bairro nobre e reservas de quarto em hotéis de luxo. Mais tentador ainda seria ignorar as dificuldades que permeavam esses cenários. Antes de finalizarmos este livro, eu preciso que você se lembre de onde essa história começou.

Eu não nasci com sorte. Nasci com dores.

Quando eu tinha 5 anos, minha mãe foi morar nas ruas por conta de distúrbios mentais. Eu cresci com meu pai e minha avó em meio à pobreza, à violência e à insegurança emocional. Aos 11, eu já trabalhava para ajudar em casa. Aos 16, fui engolida pelo vício em crack. Eu me vi quebrada, perdida, sem esperança. Aos olhos do mundo, eu era só mais um caso perdido.

Mas, dentro de mim, algo gritava: "Isso não pode ser tudo. Eu não nasci para acabar assim". Então vieram os relacionamentos abusivos, as traições, as perdas financeiras, a falência do meu negócio, o divórcio, a dor de dividir a guarda das minhas filhas em um país onde eu estava completamente sozinha.

Vivi a cena que tantas mulheres temem: estava no fundo do poço, sem rede de apoio, sem dinheiro, com medo de não conseguir me levantar. Mas ali, no chão, nasceu a minha decisão. Eu olhei para o céu e disse: "Ou eu me

---

[70] *"Life is very interesting... in the end, some of your greatest pains become your greatest strengths."* MCEVOY, C. Drew Barrymore. **Biography**, 18 set. 2023. Disponível em: www.biography.com/actors/drew-barrymore. Acesso em: 21 jun. 2025.

entrego, ou eu me transformo". E foi ali que tudo começou. Não foi mágica. Foi escolha. Foi prática. Foi fé. E foi o Método SOL.

As ferramentas que você encontra neste livro – meditação, gratidão, perdão, visualização, cura da criança interior – não são só uma teoria bonita. São práticas que salvaram a minha vida e que me devolveram o brilho nos olhos depois de vinte anos sem conseguir sorrir.

Eu sou prova viva de que a dor pode ser usada como ponte e que o sofrimento, quando compreendido, pode ser reescrito em poder. Por isso, se você se sente condenado ao sofrimento, eu lhe digo: você foi, na verdade, escolhido para vencer. Mas, primeiro, precisa aprender a transformar a sua dor no trampolim da sua ascensão.

## A jornada dos 90 dias: um compromisso com a transformação

O grande diferencial do Método SOL é a sua ênfase na prática diária. Imagine um período de noventa dias dedicado exclusivamente a transformar a sua vida. Durante esse tempo, você se compromete a seguir uma rotina estruturada que integra os sete passos do método, em especial a meditação, a gratidão, as afirmações positivas e a visualização.

Você pode dividir esse processo em ciclos, começando na segunda-feira e encerrando no domingo, de modo que os três primeiros ciclos (nas primeiras três semanas) incorporem os sete passos completos. Após esse período inicial, você seguirá praticando os passos três a sete pelo restante dos noventa dias. Essa disciplina não só fortalece o seu compromisso com a transformação, mas também reprograma sua mente de maneira consistente e eficaz.

O segredo para colher frutos extraordinários está na repetição diária. Ao visualizar e afirmar sua nova realidade todos os dias – especialmente nos momentos em que sua mente está mais receptiva, como logo ao acordar e antes de dormir –, você envia sinais poderosos para o seu subconsciente.

Mas não é só a mente que aprende com a repetição, o corpo também aprende. Ele guarda memórias emocionais como cicatrizes invisíveis, e é por isso que, ao repetir um novo estado emocional com constância, você o ensina a criar uma nova referência: mais leve, mais segura, mais amorosa.

Aos poucos, aquilo que era dor vira memória de cura e aquilo que era reação automática vira escolha consciente. Quando o corpo começa a criar a memória de quem já vive a vida dos sonhos, tudo muda. Você passa a vibrar nessa frequência, o que transforma suas decisões, seu comportamento, seu magnetismo.

É neste ponto que a fórmula mágica deixa de ser apenas uma ideia e se torna real:

**Pensamento + sentimento + ação = resultado.**

Você não apenas pensa diferente. Você sente diferente. Age com mais confiança. E, inevitavelmente, começa a manifestar realidades que antes pareciam distantes. O Método SOL prepara você exatamente para isso pois alinha sua mente, seu coração e seu corpo a uma nova frequência. Uma frequência de realização. É nesse estado que os milagres acontecem e você entende, de verdade, o poder da criação consciente.

Ao longo desses noventa dias, você perceberá que cada prática, cada visualização e cada afirmação positiva estão moldando um novo você: uma versão mais elevada, confiante e resiliente.

## Depoimentos reais de transformação

Este não é um livro de teorias; é um livro de alma. Tudo o que compartilho aqui foi vivido por mim e por muitas pessoas que escolheram transformar dor em força.

A seguir, você vai conhecer depoimentos de alunas que aplicaram os passos do Método SOL com coragem, comprometimento e fé. Elas não tinham todas as respostas. Não tinham todas as condições. Mas tinham um desejo real de mudar, e deram o passo mais importante: decidiram agir.

Essas histórias são sementes vivas de esperança. São provas de que, quando você escolhe se transformar por dentro, o mundo ao redor começa a se alinhar. Leia cada relato com o coração aberto. Talvez, em alguma dessas linhas, você reconheça um pouco da sua história também. E lembre-se: o próximo depoimento pode ser o seu.

### Marina: um lar que nasceu do caos

Eu sempre sonhei em ter minha própria casa, mas a verdade é que durante muito tempo isso parecia distante demais. Passei por situações financeiras difíceis, inseguranças emocionais e carregava a sensação de que a vida nunca ia se estabilizar.

Quando conheci o Método SOL, eu estava no limite. Resolvi aplicar o que aprendi. Fiz as visualizações todos os dias, trabalhei o perdão e, principalmente, parei de dizer a mim mesma que eu não era capaz.

Em menos de um ano, consegui não só realizar o sonho do meu lar, como também senti que aquela casa representava algo maior: era o reflexo da mulher que eu estava me tornando. Uma mulher mais firme, mais confiante e mais conectada consigo mesma.

## Isa: da incerteza ao propósito

Eu estava perdida. Sem clareza, sem dinheiro, sem direção. Eu só queria encontrar um caminho. Comecei a aplicar o Método SOL quando já não sabia mais o que tentar. Aos poucos, fui entendendo que, antes de mudar a vida exterior, eu precisava mudar a forma como eu me via.

Trabalhei minha autoestima, parei de me sabotar e passei a afirmar todos os dias que eu era capaz de ter uma vida com propósito. Não foi do dia para a noite, mas comecei a dar pequenos passos. Hoje, moro na minha própria casa e iniciei minha carreira como *coach*. O mais importante não foi o que conquistei, mas quem me tornei.

## Girlene: quando o dinheiro voltou a circular

Passei mais de quatro meses com todas as minhas kitnets vazias. Era meu único sustento. A ansiedade era tanta que eu deixei de fazer coisas simples, como ir à academia, o que sempre me fazia bem. Foi nessa época que comecei a aplicar o Método SOL. Fiz meditações, usei afirmações e todos os dias escolhi acreditar.

As kitnets começaram a ser alugadas. Não só por qualquer pessoa, mas por inquilinos corretos, tranquilos. Isso me deu confiança. Me animei de novo e comecei a sonhar. Fiz uma rifa e consegui fazer uma festa de aniversário como eu nunca tive. Comprei o vestido que sempre quis, que apareceu com 50% de desconto no dia certo. Tudo isso pode parecer pequeno, mas, para mim, foi sinal de que a vida voltou a sorrir.

## Valquíria: uma cura que veio da fé

Eu tomava remédio para dormir havia dez anos. Quando recebi o diagnóstico de um cisto na hipófise, pensei que minha vida ia ser só doença e limitação, mas chegou um ponto em que eu disse: "Chega". Comecei a aplicar o Método SOL com toda a minha alma.

Afirmei todos os dias que eu era saudável, visualizei minha cura e, de repente, comecei a dormir sem precisar de nenhum comprimido. Dois meses depois, fui fazer os exames, e o cisto tinha desaparecido. Eu nunca pensei que conseguiria isso, mas consegui. Hoje, eu acredito na força que vem de dentro.

* * *

Essas mulheres aplicaram o Método SOL. Elas se libertaram de crenças limitantes, curaram sua criança interior, desenvolveram amor-próprio e assumiram o controle da própria vida. E a chave para essa transformação foi a prática diária das ferramentas do método: **meditação, gratidão, afirmações positivas, visualização e perdão.** Agora, eu convido você a dar esse passo.

Vamos juntos em uma jornada de noventa dias. Um período de total comprometimento, no qual você aplicará os sete passos do Método SOL de maneira consistente. Imagine cada dia da semana dedicado a uma prática poderosa. Nas primeiras três semanas, você passará por todas as etapas e, nos setenta dias seguintes, consolidará esse novo estilo de vida.

Crie sua própria rotina matinal: comece o dia com meditação, expresse gratidão, repita afirmações positivas e visualize intensamente a vida que deseja. Você verá sua realidade mudar diante dos seus olhos, porque tudo aquilo que plantamos na mente acaba florescendo na vida.

Seus relacionamentos se tornarão mais profundos e harmoniosos. Sua saúde se fortalecerá. Seu propósito se revelará com clareza e força. Você prosperará.

O que todas essas histórias nos mostraram? Que a transformação não acontece apenas no nível superficial. O Método SOL não é uma técnica passageira, mas uma reprogramação profunda que altera o destino daqueles que escolhem aplicá-lo com fé e persistência.

Quando decidimos que vamos mudar, enfrentamos nossas próprias sombras, e elas se tornam barreiras assustadoras. A mente, acostumada a padrões antigos, resiste. Isso acontece porque o subconsciente funciona como um piloto automático, que tenta nos manter na realidade familiar, mesmo que essa realidade seja de dor e limitação.

Imagine um avião programado para voar do Rio de Janeiro a Nova York. No meio do percurso, uma turbulência surge e tenta desviá-lo da rota. Mas o piloto automático, um sistema cibernético, imediatamente corrige o curso e coloca o avião de volta no caminho planejado. O mesmo acontece com nossas crenças limitantes. Se nosso subconsciente só conhece um destino – talvez o sofrimento, a escassez ou a falta de autoestima –, ele tentará nos puxar de volta a essa realidade sempre que tentarmos mudar.

A boa notícia é que podemos reprogramar esse piloto automático. Com o Método SOL, criamos novas crenças, ajustamos nossa rota e nos colocamos no caminho dos nossos sonhos mais profundos. O processo exige determinação e disciplina, mas, uma vez que reprogramamos uma crença, ela não volta mais ao estado anterior. O Método SOL se torna seu novo piloto automático, guiando você para a vida que deseja.

O Método SOL já transformou a minha vida e a de milhares de pessoas. Agora, ele pode transformar a sua também. Mas há uma única condição: você precisa agir.

A vida é repleta de desafios e dores, e muitos de nós nos acostumamos a conviver com o sofrimento e o fracasso como se eles fossem inevitáveis. Entretanto, como já nos ensinou a sabedoria de Buda, a dor e o desconforto fazem parte da existência, e o sofrimento é, em grande parte, uma escolha. O Método SOL parte do princípio de que, ao encarar o sofrimento de frente, você pode transformá-lo em um poderoso trampolim para o sucesso.

Imagine cada obstáculo como um tijolo que, quando reconfigurado com consciência e amor, constrói um caminho sólido rumo à sua nova realidade. Esse processo não elimina a dor, mas a ressignifica, permitindo que ela se torne um combustível para a transformação. Assim, você aprende que os momentos difíceis não são o fim da linha, mas sim o início de uma jornada de autoconhecimento e crescimento.

Este livro foi apenas o começo. Você mergulhou em memórias, enfrentou sombras e despertou-se para uma nova forma de viver. Agora, é hora de aplicar – com presença e intenção – tudo aquilo que aprendeu aqui.

O Método SOL não é um milagre externo, é uma estrutura interna. É o caminho para construir, dia após dia, a versão mais corajosa, consciente e abundante de você mesmo. A fórmula mágica já vive em você: **pensamento + sentimento + ação = resultado.** Ao repeti-la com consistência, seu corpo, sua mente e sua energia começam a caminhar na mesma direção.

Você não precisa estar pronto. Precisa estar disponível. Disponível para se escolher. Para se escutar. Para continuar. Crie um compromisso com a sua verdade. Faça da sua rotina um altar. Escolha viver com propósito, mesmo quando o medo bater. Escolha plantar, mesmo sem ver ainda os frutos. Escolha confiar, mesmo que sua história até aqui tenha sido marcada pela dor.

O que você sonha já existe como potencial dentro de você. Com fé, prática e consistência, ele deixará de ser potencial para se tornar realidade.

## Chorar Para Curar: o retorno ao centro

Às vezes, a jornada da transformação parece longa demais. Mesmo aplicando as ferramentas, mantendo a fé, fazendo a sua parte... há dias em que tudo parece emperrado. Você se sente cansado, frustrado, quase desistindo.

É exatamente nesses momentos que a alma está se expandindo silenciosamente. Não pare. Respire. E, se for preciso, use uma ferramenta que deixo com você aqui, como um presente de encerramento: Chorar Para Curar.

Essa técnica nasceu da minha própria dor. Depois de vinte anos, reencontrei um amor antigo e achei que finalmente viveria o final feliz com que sempre sonhei. O Universo parecia dizer: "Agora é a sua vez". Mas não era. Era a vez da minha cura.

O fim desse relacionamento trouxe à tona dores que eu nem sabia que ainda habitavam em mim. Durante cinco dias, chorei tudo: a perda, o medo, o passado e aquilo que nunca havia sido nomeado. No sexto dia, algo dentro de mim havia se reorganizado. O peso havia saído. A clareza havia chegado. Mas o verdadeiro milagre ainda estava por vir. No décimo dia, voltamos a conversar sobre o relacionamento. Só que algo em mim tinha mudado. Eu não era mais a mesma mulher que havia se sentido despedaçada. Eu estava mais centrada, mais consciente, mais inteira.

O processo de dor, e principalmente o choro que me permiti viver, me reconectou com algo essencial: o amor que eu tinha por mim mesma. Foi por meio dessa reconexão que consegui olhar para o outro com mais compaixão e, ao mesmo tempo, com mais verdade.

Eu não precisava mais implorar por amor porque estava cheia dele por dentro. Foi essa nova versão minha, mais elevada e mais íntegra, que restaurou o nosso relacionamento. O choro não apenas me curou, ele abriu um novo capítulo da minha história. Um capítulo em que eu não apenas me amo, mas sei como me escolher primeiro.

Esse foi o milagre que nasceu das minhas lágrimas. Foi ali que eu entendi: o choro não é fraqueza, é sabedoria. É o corpo ajudando a alma a se esvaziar para recomeçar. Tanto é que alguns estudos mostram que o choro ativa o sistema nervoso parassimpático, reduz o estresse e nos devolve a calma.[71]

## Como praticar a técnica Chorar Para Curar:

1. Escolha um lugar silencioso e seguro.
2. Respire fundo e traga à mente o que dói.
3. Permita-se sentir, sem tentar resolver ou controlar.
4. Diga: "Eu me permito sentir. Eu me permito liberar".

---

[71] PODE chorar à vontade. É bom para você, dizem psiquiatras. **CNN**, 25 jul. 2020. Disponível em: www.cnnbrasil.com.br/saude/pode-chorar-a-vontade-e-bom-para-voce-dizem-psiquiatras/. Acesso em: 24 maio 2025.

**VOCÊ NÃO PRECISA ESTAR PRONTO. PRECISA ESTAR DISPONÍVEL. DISPONÍVEL PARA SE ESCOLHER. PARA SE ESCUTAR. PARA CONTINUAR.**

ENCONTRE O EXTRAORDINÁRIO EM MEIO ÀS CICATRIZES
@fermachadooficial

5. Chore, solte, entregue.
6. Quando terminar, fique em silêncio. Agradeça a si mesmo pela coragem.

Chorar Para Curar não traz à tona fraqueza, e sim coragem. É uma técnica que nos permite ouvir o que nossa criança interior vem tentando nos dizer há anos.

Fomos condicionados a acreditar que ser forte é não chorar. Que segurar as lágrimas nos torna invencíveis. Mas a verdadeira força está em quem tem coragem de sentir; de olhar para dentro, de acolher o que doeu, de dar voz àquela parte esquecida de nós mesmos.

O choro sincero pode curá-lo de dores que você nem sabia que ainda estavam vivas. Ele pode libertar memórias aprisionadas, emoções acumuladas, pesos herdados. E, mais do que isso, pode devolver a leveza que sua alma tanto procura.

Essa prática é um resgate. Um retorno. Um reencontro com a sua essência. É você dizendo à sua criança interior: "Eu vejo você. Eu escuto você. E agora, juntos, nós vamos florescer".

Guarde essa técnica como um tesouro. Nos dias difíceis, nos dias nublados, quando tudo parecer pesado demais, não fuja. Sente-se com você mesmo. Respire. Chore. Solte. Liberte. Porque, às vezes, tudo o que você precisa para seguir em frente é de um abraço em silêncio e algumas lágrimas de cura.

Se esse for o momento, lembre-se: você não está regredindo. Você está limpando o caminho para avançar. A dor sentida com consciência se transforma em sabedoria. A lágrima que cai com presença transforma-se em fonte de força.

A pessoa que você está se tornando não nasce da negação, ela nasce da integração. O "Chorar Para Curar" é a ponte sagrada entre quem você foi e quem finalmente veio para ser.

CAPÍTULO 14

# Acolhendo seu novo eu

Ao meu leitor amado, agora é com você.

**Você chegou até aqui. Leu cada palavra, enfrentou memórias,** acolheu emoções. Mas este não é apenas o fim de uma leitura, é o início de uma nova história. Você chegou até o final, e isso não é pouco. É imenso. É sagrado. É digno de celebração.

Você atravessou páginas que exigiram coragem. Sentiu, refletiu, encarou sua história com honestidade e luz. E agora está aqui, com uma nova consciência, pronto para dar o próximo passo. Você fará isso não como alguém que busca, mas como alguém que já encontrou. O Método SOL agora vive dentro de você.

Cada ferramenta que você aprendeu é uma chave. Cada prática, uma ponte. Cada página, um lembrete de que você pode – e sempre pôde – ser o autor da sua própria vida. Se em algum momento duvidar disso, pare. Feche os olhos. Volte à sua infância. Lembre-se de tudo o que você já superou. Das batalhas invisíveis. Da força que lhe manteve de pé.

Você é a prova viva de que a superação é possível, e agora tem as ferramentas de que precisa. Agora tem direção. Agora pode caminhar com mais leveza, com mais sabedoria e com mais poder pessoal. Você não precisa mais se provar. Só precisa se lembrar de que você é luz. Você é digno. Você é capaz. E acima de tudo... eu acredito em você.

A vida acredita em você.

O Método SOL é uma caixa de ferramentas espirituais práticas e poderosas criadas para lhe acompanhar por toda a vida. Visualizações, afirmações, meditação, gratidão, cura da criança interior, perdão, reprogramação. Tudo isso agora é seu. Está em suas mãos. Você está equipado e tem tudo de que precisa para caminhar sozinho.

## Os 7 passos do Método SOL: a luz que transforma

Ao longo destas páginas, você aprendeu a ativar o seu poder interior. Agora, ao encerrar este livro, quero que você leve cada passo consigo como uma chave sagrada. Vamos repassá-los?

### 1. Reconhecimento da criança interior

"Não há como avançar sem antes acolher quem fomos."

Você deu voz à parte mais sensível e silenciada de si mesmo e acolheu medos, memórias, feridas e começou a se curar.

### 2. O autoperdão e o perdão aos outros

"Quando me perdoo, abro espaço para a leveza florescer. E para me libertar, liberto os outros."

Você entendeu que o peso da culpa paralisa, mas o perdão liberta. Se deu uma nova chance e, além disso, tirou do altar do julgamento aqueles que lhe deram a vida. Você os viu como seres humanos – falhos, limitados, mas também feridos e que lhe deram o melhor que tinham. O perdão abre um portal mágico para acessarmos as bênçãos mais profundas do Universo.

### 3. A imagem do vencedor

"Vejo o meu futuro com os olhos do amor."

Você aprendeu a visualizar com clareza quem deseja ser e plantou imagens poderosas no seu subconsciente.

### 4. Meditação

"A quietude me conecta com a sabedoria do Universo."

Você acessou a dimensão do espírito e aprendeu a confiar no invisível e a sentir paz no agora.

### 5. Gratidão

"Tudo que me ocorre é uma possibilidade de aprendizado e, por isso, sou grato."

Você aprendeu a agradecer por cada situação pela qual já passou, boa ou ruim, pois entendeu que tudo o levou até onde você está agora, e está levando-o para o futuro maravilhoso que lhe aguarda.

## 6. Autossugestões e afirmações positivas

"Sou digno de tudo que desejo."

Você trocou a autocrítica pela autocompaixão, reconstruiu a forma como se enxerga e passou a se tratar com amor.

## 7. Visualização criativa

"Eu crio a realidade com o poder da palavra e da intenção."

Você se tornou autor da sua nova história, escolheu palavras com a alma, viu antes de viver e manifestou.

* * *

Esses passos não são um fim, e sim o começo de uma nova forma de viver – com mais presença, clareza, amor e poder pessoal.

## Visualização guiada: o Eu que floresce

- Feche os olhos por um instante. Respire profundamente. Sinta o ar entrando pelas narinas, preenchendo seu corpo, acalmando sua mente. Sinta sua presença aqui, agora.
- Imagine-se caminhando por uma trilha dourada. Cada passo que você dá brilha com a luz da consciência que você cultivou.
- À sua volta, flores crescem com base em suas escolhas. Você as reconhece; são sementes que plantou com amor, coragem e fé.
- Ao final dessa trilha, há um espelho. Você se aproxima e, ao olhar, vê um reflexo diferente. É você... mas é o seu Eu realizado, a versão que floresceu por meio de tudo que você aprendeu, aplicou e sentiu.
- Olhe para os olhos dessa versão de si. O que ela diria agora? Talvez algo como: "Obrigado por não desistir de mim. Obrigado por acreditar. Eu sou você em plena luz".
- Permita-se abraçar essa versão sua. Ela está viva dentro de você. Ela é você. Respire profundamente mais uma vez... Quando estiver pronto, volte devagar ao momento presente, sabendo que essa versão já caminha com você, todos os dias.

## Perguntas para a sua nova versão

1. Quem eu era quando comecei este livro, e quem eu sou agora?
2. Qual foi a maior cura que aconteceu dentro de mim durante esta leitura?

3. O que a minha criança interior mais precisa continuar ouvindo de mim?
4. O que eu quero manifestar nos próximos doze meses, e qual dessas ferramentas vai me ajudar nisso?
5. Se eu confiasse 100% na minha intuição e no Universo, o que eu faria agora?
6. O que significa, para mim, viver uma vida com alma?

**QUANDO EU ESCOLHI ME CURAR**

Quando comecei a aplicar os passos do Método SOL, eu estava perdida. Carregava dores antigas, feridas abertas da infância e vivia com o coração pesado. Foi no processo de olhar para a minha criança interior e me perdoar que algo começou a mudar. Comecei a ter sonhos mais leves. Acordava chorando, mas de alívio. O perdão aos meus pais foi o ponto de virada. Senti como se uma rocha tivesse sido retirada do meu peito.
Hoje, me sinto inteira. Estou recomeçando minha vida com mais coragem, mais fé e mais amor por mim. Não tenho palavras para descrever o quanto sou grata. O Método SOL não apenas me mostrou o caminho, ele me devolveu a mim mesma.

*— Luciana F., aluna da Jornada SOL*

## Você é a resposta

Você que leu estas páginas com o coração aberto, eu falo agora com a sua alma: você é a resposta que procurava. Ela não está lá fora. Nunca esteve. Você é o milagre, a semente, a luz.

Não precisa mais se provar, apenas se lembrar. Lembre-se da sua natureza divina. Lembre-se de que merece tudo aquilo que deseja. Lembre-se de que o amor é a sua casa.

Nos dias em que duvidar de si, feche os olhos e ouça: a sua alma sussurra com doçura o caminho de volta. Ela sempre soube. E agora... você também sabe.

## Carta da Fer de hoje para a Fer do passado

*Oi, minha pequena Fer.*

*Sim, eu sei...*

*Você se sente cansada, às vezes invisível, e ainda carrega medos que não consegue nomear. Mas eu estou aqui para te contar que tudo vai fazer sentido. As perdas. As falências. A solidão. As mudanças. Tudo isso foi o ventre que gestou a mulher que você está se tornando. E ela é linda. Forte. Livre. Espiritual. E está em paz.*

*Você não precisa ser perfeita para ser amada. Você não precisa controlar tudo para estar segura. Você só precisa confiar, mesmo sem entender.*

*Eu te amo. Eu te acolho.*

*E eu te prometo: o melhor está por vir.*

*Você vai voar tão alto que até o céu vai sorrir.*

## Ritual de encerramento: O Selo da Luz

Antes de fechar este livro, crie um pequeno momento só seu. Encontre um espaço de silêncio, feche os olhos, coloque as mãos sobre o coração e repita, sentindo cada palavra:

*Eu honro minha história.*
*Eu libero o passado com amor.*
*Eu abro as portas do meu novo ciclo com coragem e leveza.*
*Eu sou luz. Eu sou amor. Eu sou livre.*

Imagine agora um feixe dourado descendo do céu e tocando o topo da sua cabeça. Esse feixe sela toda a transformação que você viveu aqui. Sinta-o descendo por todo o seu corpo, até os pés.

Você está protegido. Você está pronto.

* * *

Desejo que cada ensinamento deste livro esteja com você como uma luz a clarear seus dias. Que você continue trabalhando diretamente com o poder do Universo para manifestar seus sonhos. E que, a partir de agora, você se permita sonhar cada vez mais alto, sem barreiras, sem limites, porque tudo aquilo que você deseja já é seu.

Encerrando este livro, quero compartilhar com você um exemplo de superação que reflete a força e a resiliência que você também tem dentro de si.

Nelson Mandela passou vinte e sete anos preso por lutar pela liberdade do seu povo. Durante todo esse tempo, nunca perdeu a esperança, nunca deixou de acreditar no seu sonho. Quando finalmente saiu da prisão, ele não apenas foi livre, mas também libertou uma nação inteira. Ele escolheu o perdão, a paz e a reconciliação, mostrando ao mundo que a verdadeira liberdade nasce dentro de nós. Assim como Mandela, você também escolheu a liberdade ao decidir transformar sua vida. Nelson Mandela teve que sofrer para libertar sua nação.

Para fechar com chave de ouro, deixo um poema de W. E. Henley que simboliza sua jornada e sua força:[72]

*Da noite que me cobre*
*Tão negra como um poço de lado a lado*
*Eu agradeço a quaisquer deuses que possam existir*
*Por minha alma indomável.*

*Nas garras das circunstâncias*
*Eu não recuei nem gritei.*
*Sob os golpes do acaso*
*Minha cabeça sangrou, mas não se curvou.*

*Além deste lugar de ira e lágrimas*
*Paira o horror da sombra*
*E ainda assim a ameaça dos anos*
*Me encontra e me encontrará destemido.*

*Não importa quão estreito o portão*
*Quão carregado de punição o pergaminho*
*Eu sou o mestre do meu destino*
*Eu sou o capitão da minha alma.*

Que você nunca se esqueça de que é o capitão da sua própria alma, o criador do seu destino. Seu caminho está apenas começando, e eu tenho certeza de que sua história terá grandes conquistas e realizações.

Que cada palavra neste livro continue vibrando em sua alma como um chamado para viver com mais verdade. Que você se lembre de que nunca

---

[72] HENLEY, W. E. IV. Out Of the Night That Covers Me. *In*: **Poems**. Londres: David Nutt, 1907.

está sozinho. Que a sua jornada seja abençoada com beleza, sincronicidade e amor profundo.

E que, quando o medo bater à porta, você respire, silencie e ouça a voz da sua alma dizendo: "Você nasceu para brilhar".

Com amor infinito,
***Fer***

**O PERDÃO ABRE UM PORTAL MÁGICO PARA ACESSARMOS AS BÊNÇÃOS MAIS PROFUNDAS DO UNIVERSO.**

ENCONTRE O EXTRAORDINÁRIO EM MEIO ÀS CICATRIZES
@fermachadooficial

Este livro foi impresso
pela gráfica Assahi em papel
Lux Cream 70 g/m²
em setembro de 2025.